Susanne Reininger . Markus Kirchgessner

Marktküche neu entdeckt

Die besten Rezepte vom Offenbacher Wochenmarkt

VERLAG GEBRÜDER KORNMAYER

© 2009 Verlag Gebrüder Kornmayer
http://www.kornmayer-verlag.de
ISBN 978-3-938173-95-4
Autorin: Susanne Reininger
Fotos: Markus Kirchgessner
weitere Fotos Seite: 12, 18, 23, 28, 34, 42, 47, 52, 54, 75,78, 83, 94, 95, 96, 110,124,126,130, 132, 136,138, 148, 150, 156, 157, 158, 168, 175, 190, 191 von Evert Kornmayer
Satz & Layout: Gebrüder Kornmayer
Lektorat: Angelika Radloff
Druck: Nino Druck, Neustadt/Weinstraße

Deutsche Bibliothek - CIP-Einheitsaufnahme.
Ein Titelsatz dieser Publikation ist bei der Deutschen Bibliothek (Frankfurt) erhältlich.

Inhalt

Vorwort

„Was ist viereckig, kommt dreimal in der Woche und lockt sogar Frankfurter nach Offenbach?“, lässt 1982 ein Praktikant der Offenbach Post die Leser raten und gibt noch einen Tipp: „Für acht Stunden verwandelt sich der graue Parkplatz in einen bunten Basar, macht den Wilhelmsplatz zum Stadtzentrum“. Cordt Schnibben, der einstige Journalistenschüler mit der launigen Schreibe, ist heute einer der großen Vorbilder seiner Zunft. Der Reporter des Nachrichtenmagazins „Der Spiegel“ zählt zu den wichtigsten Journalisten Deutschlands. Für seine Reportagen erhielt er beispielsweise den renommierten Erwin-Egon-Kisch-Preis und den Adolf-Grimme-Preis. In seinem Offenbacher Lehrstück schildert der Journalist nicht nur Wurstduft, Obstpyramiden, Blumenmeere und buntes Gemüse, sondern auch die „originellen Marktbeschicker, die an Wochenmarkt-Tagen den Wilhelmsplatz zur Attraktion“ machen. Treffender, wie Schnibben es formuliert hat, lässt sich der Offenbacher Markt nicht beschreiben. Sein Artikel spiegelt die „Seele“ dieser Stadt wider: Nirgendwo sonst lässt sich die direkte, ein wenig raubeinige, aber stets liebenswerte Offenbacher Art so authentisch erleben – das Traditionelle ebenso wie das Multikulturelle.

Obst und Gemüse, Salate und Kräuter, Backwaren, Wurst, Fleisch und Käse kommen meist von Selbsterzeugern. Viele Marktleute sind aus der Region, manche von ihnen fahren jedoch bis zu 150 Kilometer weit, um ihre Waren marktfrisch in Offenbach anzubieten. Oft stehen mehrere Generationen hinter dem Tresen. So wie bei Heidi Jung, die mit ihrer Schwester Christel und Tochter Julia sowie Anne Färber und weiteren Marktfrauen in vierter Generation Gemüse verkauft. Das baut sie in der familieneigenen Gärtnerei im benachbarten Frankfurt-Oberrad an. Und das ist harte „Knochenarbeit“: Vom Frühjahr bis zum Spätsommer verbringt Heidi bis zu 12 Stunden täglich auf dem Feld und in ihren Gewächshäusern, einschließlich Wochenenden und Feiertagen. Bei Wind und Wetter. An Markttagen beginnt ihr Arbeitstag um 4 Uhr am Morgen.

Seit dem ersten Markttag im Jahr 1873 hat sich auf dem Offenbacher Markt einiges geändert. Wurden die Waren damals noch auf dem Boden auf großen Tüchern ausgelegt und an trüben Wintertagen mit Laternen angeleuchtet, hat heute jeder Stand und jeder Wagen seine eigene, unterirdisch verlegte Stromversorgung. Neben regionalen Anbietern findet man auf dem Offenbacher Wochenmarkt auch Stände, an denen türkische, griechische, spanische und italienische Offenbacher ihre regionalen Produkte anbieten: Griechische Käsespezialitäten und Oliven, türkischer Honig und ofenfrisches Fladenbrot, Hammelfleisch, Chorizos und hausgemachte Pasta. Die einzigartige Offenbacher Marktkultur hätte Ende der 50-er Jahre beinahe ein jähes Ende genommen: Die Stadt wollte die Parkplätze die ganze Woche über nutzen, deshalb sollte der Markt an den Offenbacher Stadtrand verbannt werden. Doch die Marktbeschicker gingen gemeinsam auf die Barrikaden und verhinderten das unsinnige Vorhaben.

Das bunte, lebendige Frischkostmekka unter freiem Himmel schätzen längst nicht nur Frankfurter Feinschmecker: Auch Besucher aus Oberursel, Bad Homburg, Mainz, dem feinen Wiesbaden und aus Aschaffenburg finden den Weg nach Offenbach. Immerhin zählt der Wochenmarkt am Wilhelmsplatz zu den größten und schönsten Märkten im Rhein-Main-Gebiet. Dazu trägt auch das mediterrane Ambiente unter den großen ausladenden Kastanienbäumen bei, unter denen man sich nach dem Einkaufsbummel in einem der gemütlichen Cafés oder Bistros ausruhen kann, um bei einem Cappuccino oder Wein das Neueste aus Offenbach und der übrigen Welt zu besprechen.

Die frischesten Marktgerüchte und obendrein eine pfiffige Küchenlektion gibt's am Gemüsestand bei Heidi und Anne. Die leidenschaftlichen Marktfrauen und gut organisierten Mütter tischen ihrer Familie jeden Mittag eine frische, selbst gekochte Mahlzeit auf. Die beiden kennen sich bestens aus mit ihrem Gemüse und wissen, wie man schnell und unkompliziert etwas Köstliches aus Mangold oder Petersilienwurzeln, aus Rote Bete oder Sellerie zaubert. Und zwar so, dass es auch wählerischen Kindern und Ehemännern schmeckt. Aus ihren Ideen und launigen Gebrauchsanleitungen ist „Marktküche neu entdeckt" entstanden – mit 88 Rezepten, die wir während eines Erntejahres auf dem Feld, auf dem Offenbacher Markt und beim Nachkochen am Herd zusammengetragen haben. Ohne Tamtam und Sterne-Attitüde – darauf legt Anne großen Wert. Denn sie ist der Meinung: „Da isst das Auge mit und der Magen bleibt leer!" Und „wenn jemand bei uns am Stand mal wieder 75 Gramm Karotten verlangt, dann ist klar, dass da wieder Sterneküche nachgekocht wird", knurrt die Marktfrau und fragt ihre Kundschaft mit schelmischem Blick: „Soll ich Ihne des Karöttche durchsääche oder geht's aach am Stück?" Also wird den Kunden humorvoll erst mal das richtige Gefühl für die richtige Menge beigebracht.

Annes Methode haben wir auch für „Marktküche neu entdeckt" übernommen, bei Gemüse meist auf Mengenangaben in Gramm verzichtet und stattdessen eine Stückzahl angegeben. Die Rezepte sind entsprechend „fehlertolerant" und gelingen auch, wenn die Zutaten nicht aufs Gramm genau dosiert werden. Die Anleitungen und Kochrezepte sind so einfach und unkompliziert, dass die Zubereitung auch Leuten gelingt, die wenig Zeit zum Selbstkochen haben oder sich am Herd nicht mit Profis messen wollen. Ergänzt werden unsere Rezepte mit selbst erprobten Küchentipps, pfiffigen Kochlektionen und launigen Marktgeschichten. So etwas steht nicht auf einer Packung mit Tiefkühlkost und Fertiggerichten.

Susanne Reininger

Einkaufen auf dem Offenbacher Markt kann man dienstags, freitags und samstags, Feiertage ausgenommen, zwischen 8 und 14 Uhr. Im Sommer öffnet der Markt am Wilhelmsplatz, in 63065 Offenbach, schon eine Stunde früher. An Feiertagen wird der Markt meist auf einen Werktag vorverlegt.

Die größten Markt-Irrtümer

Ein Wochenmarkt unterscheidet sich in wesentlichen Dingen von einem Supermarkt oder Discounter. Die Öffnungszeiten sind kürzer, bei schlechtem Wetter ist das Einkaufen ziemlich ungemütlich, man kann nicht mit Scheckkarte bezahlen und Einkaufswagen gibt es auch keine. Ansonsten können wir eigentlich nur Vorteile aufzählen: Das Angebot an Obst und Gemüse, Fleisch und Wurst, Eiern und Geflügel, Kuchen und Brot, Käse und Gewürzen, Blumen und Pflanzen ist in der Regel viel größer, viel frischer, viel vitaminreicher und viel schmackhafter. Aber viel teurer als im Supermarkt oder Discounter ist es auf dem Wochenmarkt nicht – obwohl das viele Leute glauben. Das ist eine gute Gelegenheit, an dieser Stelle mal typische Irrtümer, Vorurteile und Ärgernisse aus dem Weg zu räumen.

Auf dem Wochenmarkt hat man stets viel Auswahl

Ja, das stimmt! Aber nicht, wenn Sie erst zehn Minuten vor Marktschluss eintrudeln und Ihren gewaltigen Einkaufszettel fürs Wochenende abarbeiten wollen. In diesem Fall gibt es drei Möglichkeiten:

- Schnell zugreifen, bevor auch die letzten Zutaten über den Tresen gehen, oder improvisieren.
- Früher aufstehen, den Markteinkauf erledigen und hinterher gemütlich in einem Markt-Café frühstücken.
- Obst, Gemüse, Gebäck oder Grillfleisch am Marktstand Ihres Vertrauens vorbestellen. Übrigens machen das versierte Marktgeher so, wenn Feiertage wie Weihnachten oder Ostern anstehen.

Wer sich vordrängelt, wird zuerst bedient

Falsch. Auch auf dem Wochenmarkt geht's der Reihe nach. Nur eben nicht ganz so geordnet wie an der Supermarktkasse. Auf einem Wochenmarkt stellt man sich an den Verkaufswagen und kleineren Ständen grundsätzlich von rechts an. An Eckständen, wie etwa bei Heidi, wird man von mehreren Seiten bedient. Dabei kann es auch schon mal passieren, dass die Verkäuferinnen nicht jeden Kunden gleich im Blick haben. In diesem Fall helfen ein freundliches Lächeln und ein höflicher Hinweis. Denn herrische „Hallo hier"-Rufer und dreiste Vordrängler werden aus Prinzip erstmal ignoriert.

Auf dem Markt bedient einfaches Personal

Weit gefehlt! In der Regel stehen Ihnen kundige Profis ihres Fachs gegenüber, meist sogar Chef oder Chefin selbst. Sie und ihre Angestellten kennen sich mit jedem ihrer Produkte bestens aus – weit besser jedenfalls als mancher Verkaufskittel im Supermarkt. Will man etwa wissen, welche Kartoffelsorte am besten zur Grünen Soße passt, welcher Apfel sich am besten zum Backen eignet oder welches Teil vom Tier den besten Braten ergibt, wird man gerne und gut beraten. Doch wer fragt, aber keine Antwort hören will oder sowieso alles kennt und weiß, dem entgeht auch manch guter Trick oder Zubereitungstipp, der nicht in kulinarischen Edelmagazinen oder Büchern vom Sternekoch zu finden ist.

„Finger weg“ ist eine Gemüsesorte

Nein! „Finger weg“ ist schlicht die Kurzform von „Diese Ware ist von bester Qualität und aus erster Hand. Damit das auch so bleibt, bitten wir Sie, die Auslage nicht zu berühren!“ Wenn ein solches Schild auf einer Gemüse- oder Obstauslage liegt, hat das seinen Grund: Wer zum Beispiel an Heidis Stand einen Kohl oder Kopfsalat nach dem anderen anfasst, um den schönsten und größten auszuwählen, der bricht den aussortierten Kandidaten sprichwörtlich das „Genick“: Die äußeren Blätter knicken ab und nach dem fünften respektlosen Grabscher ist der Kohl- oder Salatkopf so zerrupft, dass ihn keiner mehr kaufen will. Ebenso ergeht es Heidis Kräutersträußen, die hemmungslos beschnuppert werden. Auch Tomaten sind äußerst sensibel. Sie bekommen vom Befingern sehr schnell Druckstellen. Aus diesen Gründen gibt‘s an den Ständen auch keine Selbstbedienung – die ist laut Marktordnung nämlich verboten.

Auf dem Wochenmarkt ist es teurer

Nicht unbedingt. Denn auf dem Markt lässt sich Ware auch in Minimengen oder stückweise kaufen. Zum Beispiel Hähnchenschenkel, Handkäse oder Heringe. Im Supermarkt oder Discounter gibt's die nur verschweißt im Multipack. Am Marktstand bestimmt der Kunde die Menge und nicht der Anbieter. Das spart auf Dauer Geld, denn man kauft nicht mehr, als man tatsächlich braucht. Manchmal gibt's auf dem Markt auch eine kleine Kostprobe oder Gratiszugabe, zum Beispiel noch ein Brötchen, ein Stück Obst, eine Wurst oder eine Hand voll Salatkräuter.

Mariniertes Fleisch ist alt

Nicht auf dem Wochenmarkt! „Das Marinierte da, das ist doch sicher altes Fleisch", hören Metzger auf dem Wochenmarkt von manchem verunsicherten Kunden. Tatsächlich ist mariniertes Fleisch durch diverse Gammelfleischskandale in Verruf geraten. Denn durch kräftiges Würzen und Marinieren lässt sich nicht mehr ganz frisches Fleisch noch an die ahnungslose Kundschaft bringen. Diverse Untersuchungen zeigten denn auch, dass eingelegtes Fleisch oft verdorben war und die Marinade nur dazu diente, den Kunden zu täuschen. Doch auf dem Wochenmarkt bekommt man beste Fleischqualität aus kontrollierter Viehzucht oder in Bio-Qualität. In diesem Fall ist das marinierte Steak im Vakuumpack tatsächlich eine gute Sache: Das Fleisch wird butterzart und es kann direkt aus der Packung auf den Grill gelegt werden.

Verpackte Ware ist schon vorgewaschen

Mischsalat aus der Tüte, fix und fertig zum Verzehr, sucht man vergebens auf dem Wochenmarkt. Das ist auch gut so. Denn Marktware kommt in der Regel direkt vom Acker, Baum oder Strauch auf den Verkaufstresen. Deshalb können dieser Ware auch „Herkunftsspuren" wie Erde, Sand oder Blütenstaub anhaften. Ob gespritzt oder unbehandelt: Obst, Salat und Gemüse sollten vor dem Verzehr immer gut gewaschen und gesäubert werden. Das gilt auch für die Kräuter der Grünen Soße – obwohl sie verpackt sind. So hatte sich ein Kunde mal über „Hasenknödel" und „Silberfolie" empört, die er in seiner Grünen Soße vorfand. Das passierte zu Ostern. Da ist es bei Heidi und anderen Marktleuten nämlich Tradition, als Überraschung Schokoeier mit in die „Frankfurter Grüne Soße"-Päckchen zu wickeln. Der bequeme Kunde aber stopfte die Kräuter einfach ungewaschen in die Küchenmaschine – und erlebte eine peinliche Überraschung. Die wäre ihm mit unserer Salatschule erspart geblieben.

Der Kunde sollte schon wissen, was er will

Nicht unbedingt. Denn es ist ja gerade das Schöne, über einen Wochenmarkt zu schlendern, mal hier und da zu schauen und sich inspirieren zu lassen. Und gute Marktverkäufer kennen sich bestens mit ihrer Ware aus. Wenn beispielsweise verschiedene Apfel- oder Tomatensorten vor Ihnen liegen, fragen Sie einfach, welche Sorte wie schmeckt und wie man sie am besten zubereitet. Meist gibt's dann eine Kostprobe.

Supermarktware sieht schöner aus

Ja, das mag hin und wieder stimmen. Aber soll es nur gut aussehen oder auch schmecken? Bei den Äpfeln zum Beispiel ist sehr oft nun mal die unscheinbarste Sorte die aromatischste. Klar, das Auge isst mit. Doch Marktware wird nicht künstlich mit Wachs oder anderen Schönheitstricks aufpoliert. Sie kommt so auf den Verkaufstresen, wie sie die Natur hat wachsen lassen. Und wer schon mal Fleischtomaten vom Supermarkt mit Heidis Aroma-Tomaten verglichen hat, verzichtet künftig freiwillig auf die prall gezüchteten Wasserspeicher aus Holland oder Spanien. Außerdem gibt's nichts Schöneres, als die üppige Vielfalt und Farbenpracht ihrer Tomaten zu betrachten und dabei wieder eine neue köstliche Sorte zu entdecken. Welcher Supermarkt hat schon 30 verschiedene Tomatensorten zur Auswahl?

Auf dem Markt gibt´s keine Schnäppchen

Aber, na klar! Sind drei große Salatköpfe nach Wahl für nur 1 Euro 50 etwa kein Schnäppchen? Ist der Salat aber in der nächsten Woche auf einmal teurer, liegt das nicht an der Willkür von Heidi und anderen Kollegen, sondern schlichtweg am Wetter: Heftige Regenschauer oder Hagel beispielsweise können eine Salaternte ganz schnell erheblich dezimieren. Wegen der geringeren Erntemenge wird die Ware dann nicht mehr so günstig angeboten. Übrigens lässt es sich auch ohne Angebotsschild nach Schnäppchen jagen – nämlich samstags oder vor Feiertagen: Wer dann kurz vor Marktschluss loszieht und druckempfindliches Obst und Gemüse wie etwa Aprikosen, Pflaumen oder Tomaten ins Visier nimmt, kann „Restposten" meist zum satten Rabatt erstehen. Auch Brot oder Gebäck ist oft billiger zu haben. Unser Tipp: einfach am Stand mal freundlich fragen!

Im Winter ist das Marktangebot teurer

Das kommt ganz auf den Geschmack an. Wer auch im Winter nicht auf Erdbeeren oder Spargel verzichten will, muss eben tiefer ins Portemonnaie greifen. Denn zu dieser Jahreszeit wächst diese Ware nicht auf hiesigen Feldern, sondern Tausende von Flugkilometern entfernt auf der anderen Seite der Erdkugel: in Südafrika, Mexiko, Chile oder Argentinien. Was regional keine Erntezeit hat, muss meist teuer importiert werden. So kostet zum Beispiel ein Kilo Zucchini im Winter das Doppelte wie im Sommer. Preisbewusste Kunden richten sich deshalb nach unserem Marktkalender. So hat man das ganze Jahr über marktfrisches, vitaminreiches und zudem günstiges Gemüse im Korb. Übrigens sind Spargel oder Erdbeeren im Winter kein Luxus, wenn man sich während der Saison einfach ein paar Reserven einfriert.

Wer mit weniger als zehn Tüten nach Hause geht, hat verloren

Verloren hat leider nur das Öko-Bewusstsein. Die vielen grünen und weißen dünnen Tüten, in denen man seine Einkäufe vom Wochenmarkt nach Hause schleppt, landen vor allem im Müll. Jeder Marktgänger „verbraucht" nach zehn Großeinkäufen auf dem Wochenmarkt durchschnittlich etwa 100 Einweg-Tüten. Allein an Heidis Gemüsestand gehen wöchentlich rund 2.000 (!) Tüten über den Tresen. Muss für jede Gurke und jedes Pfund Kartoffeln also wirklich eine eigene Tüte her? Zudem nervt die Sackschlepperei auch mächtig: Ständig muss man alle Henkel fest im Griff haben, damit nicht gerade die mit den frischen Eiern den Abgang macht. Anstelle der umständlichen Grabbelei empfehlen wir einen modischen Einkaufskorb, einen geräumigen Rucksack, Einkaufs-Trolley oder ein kunterbuntes Einkaufsnetz.

Maßeinheiten & Mengenangaben

Der Erfahrung nach können Mengenangaben und Garzeiten nur ungefähre Angaben sein. Die unterschiedliche Beschaffenheit der Zutaten, die verschiedenen Gegebenheiten der Küchen (von der Pfanne über das Kochfeld* bis hin zum Backofen**) und auch der individuelle Geschmack erfordern Abschmecken und Garproben.
Bei allen Rezepten sollte jeder seine eigene Erfahrung im Umgang und in der Zubereitung von Speisen einfließen lassen.

Wenn nicht anders angegeben, beziehen sich die Mengenangaben der Rezepte auf 4 Portionen.

Die Mengen sind nach dem metrischen System angegeben:

kg	= Kilogramm
g	= Gramm (1.000 g = 1 kg)
L	= Liter (Achtung: "L" statt "l")
cl	= Centiliter (1 cl = 10 ml)
ml	= Milliliter (1.000 ml = 1 L)
EL	= Esslöffel = ca. 15 g
TL	= Teelöffel = ca. 7 g

Weitere Mengenangaben:

Msp.	= Messerspitze (Menge, die auf der Spitze eines Besteckmessers Platz hat)
Pkg.	= Packung, Päckchen, Tütchen (z. B. Vanillezucker)
Prise	= Prise (Menge, die sich zwischen Daumen und Zeigefinger befindet)
°C	= Grad Celsius (100 °C = 212 ° Fahrenheit)
Ø	= Durchmesser
cm	= Zentimeter

* z. B. die unterschiedliche Kochzeiten von 1 L Wasser:
elektrisches Kochfeld: 9 Minuten
Ceranfeld: 6 Minuten
Gasherd: 4 ½ Minuten
Induktionsherd: 2 ½ Minuten

** unterschiedliche Garzeiten bei Gas-, Infrarot-, Elektro- oder Umluft-Backöfen. Die angegebenen Garzeiten beziehen sich auf den Elektro-Backofen.

Auswahl & Verwendung der Zutaten

- Der Farbcode für die Zutaten: Die auf dem Wochenmarkt erhältlichen Zutaten sind **grün** markiert, die übrigen schwarz.

- Im Vorfeld sollte man die Garzeiten planen, z. B. wann der Braten in den Ofen kommt und die Kartoffeln aufgesetzt werden.

- Die Zutaten sollten stets frisch und reif sein. Was nützt das beste Rezept, wenn die Zutaten nichts taugen?

- In manchen Rezepten werden Fertigprodukte verwendet. Diese Zutaten wurden übernommen, um den Charakter des Rezeptes nicht zu verfälschen. Selbstverständlich bleibt es der Köchin oder dem Koch überlassen, diese Produkte frisch zuzubereiten.

- Bei der Verwendung der Zutaten wird generell davon ausgegangen, dass Gemüse vor der Verwendung gewaschen bzw. geschält wird. Fleisch wird pariert, was bedeutet, dass Sehnen, Haut und überschüssiges Fett abgeschnitten werden. Meeresfrüchte bürsten, putzen und wenn nötig den Darm entfernen. Die Fische schuppen etc. Eier werden zuvor aufgeschlagen oder gepellt. Dies wird meist in den Rezepten nicht extra erwähnt.

- Küchenkräuter sollten möglichst frisch sein und nur in Ausnahmen sollte man auf getrocknete Kräuter zurückgreifen.

- Die Kuchen-Garprobe: Wenn man nach der angegebenen Backzeit mit einem Holzstäbchen in die Mitte des Kuchens sticht und es dann wieder herauszieht, sollte kein Teig daran kleben, es sollte also wieder „sauber“ herauskommen.

- Mehl sollte vor der Verwendung, insbesondere bei Backwaren, gesiebt werden, um es lockerer zum machen.

Nicht schon wieder Nudelsalat! Aber was nimmt man sonst fürs Party-Buffet mit? Wie bringe ich Abwechslung in die Beilagen fürs Grillen? Was tische ich meinen Gästen als Vorspeise auf? Ob Partyfood, Leckeres für unterwegs, fürs Büro oder zum Grillen: In diesem Kapitel finden Sie eine handverlesene Auswahl köstlicher Kleinigkeiten, die nicht in jedem Kochbuch zu finden sind, die sich aber einfach zubereiten lassen und dazu noch richtig gut aussehen!

Vorweg & Vom Finger in den Mund

Schneebälle mit Brunnenkresse

„Kochst Du das Kraut mit frischer Ziegenmilch und nimmst den Trunk lau zu Dir, so muss ein jeder Schmerz, der Deine Brust beklemmt, sich legen." Schon im Mittelalter schätzte man die Wirkung von Brunnenkresse. Die kleinen senfscharfen Blättchen sind nämlich mehr als nur eine würzige Salat-Deko: Brunnenkresse ist reich an Vitamin C, enthält die Power-Vitamine A, B1, B2 und E sowie Eisen, Calcium, Jod und Phosphor – also ein richtiger „Gesundheits-Booster".

4 Hand voll oder 1 Schale Brunnenkresse
1 Bund Radieschen
2–3 Tomaten
250 g Ricotta
4–5 Scheiben Vollkornbrot oder
12 Pumpernickel-Taler
150 g Frischkäse (z. B. Philadelphia)
Salz und Pfeffer nach Geschmack

Und so geht´s: Radieschen und Tomaten waschen und beides in kleine Würfel schneiden. Brunnenkresse in ein Sieb geben und gut abbrausen. Kresse aus dem Kasten mit einer Schere bis knapp über dem Boden abschneiden und ebenfalls in einem Sieb abbrausen. Ein paar Blättchen als Deko zur Seite legen.

Ricotta und Frischkäse in eine hohe Schüssel geben und miteinander verrühren, Kresse und Radieschen unterrühren und nach Geschmack würzen.

Pumpernickeltaler auf einer Arbeitsfläche auslegen. Wenn kein Pumpernickel zur Hand ist, einfach mit einem umgestülpten Trinkglas kleine Kreise aus dem Vollkornbrot ausstechen.

Mit einem Eiskugel-Portionierer oder angefeuchteten Händen aus der Kresse-Ricotta-Masse 12 Bällchen formen und auf die Brottaler setzen.

Unser Tipp:
Brunnenkresse enthält ätherische Senföle. Wer einen empfindlichen Magen hat, sollte Brunnenkresse nicht jeden Tag und in großen Mengen verzehren.

Annes Partybrot

Dieses Rezept ist aus Verlegenheit entstanden, als Anne etwas zu einem Partybuffet beisteuern sollte, aber keine Lust hatte auf langweilige Standards wie griechischen Salat und Muffins. Schafskäse, Oliven und getrocknete Tomaten waren sowieso im Vorratsschrank. Also hat sie mit den Zutaten einfach mal experimentiert. Ihr Experiment ist geglückt: Entstanden ist ein herzhaft-saftiges Partybrot.

1 Hand voll getrocknete Tomaten
1 Hand voll schwarze und grüne Oliven, entkernt
1 rote Peperoni
5 Eier
250 g Schafskäse
400 g Maismehl
4 EL Olivenöl
1 TL weiche Butter
3 TL Weinstein-Backpulver
1 Kaffeetasse Apfelwein oder Riesling (ca. 100 ml)
1 TL Salz

Und so geht's: Maismehl fein sieben und sorgfältig mit Backpulver vermischen. Die Oliven in Scheiben, Schafskäse und Tomaten in grobe Würfel schneiden. Peperoni unter fließendem Wasser längs aufschneiden, entkernen und die Hälfte der Peperoni in feine Streifen schneiden.

In einer hohen Schüssel die Eier schaumig schlagen und Olivenöl unterrühren. Wein und Salz zugeben. Nach und nach Mehl unterheben. Zum Schluss Tomaten, Oliven, Peperoni und Schafskäse unterrühren. Dann den Teig zugedeckt mindestens 30 Minuten gehen lassen.

Backofen auf 200 °C (Ober- und Unterhitze) vorheizen und eine Kastenform einfetten. Die Brotmasse einfüllen und etwa 45 Minuten auf der mittleren Schiene backen.

Annes Tipp:
Durch das Maismehl bekommt das Brot eine schöne, goldgelbe Farbe. Man kann aber auch herkömmliches Weizen- oder Dinkelmehl verwenden. Dann muss jedoch etwas mehr Wasser zugegeben werden. Wer es herzhafter mag, kann Schinkenspeck, marinierte Paprika, Pilze oder andere Kräuter hinzufügen.

Gebackener Ricotta

Der italienische, quarkähnliche Frischkäse gilt als Geheimtipp unter Feinschmeckern. Ricotta hat einen milden, feinsäuerlichen Geschmack. Er lässt sich als Brotaufstrich verarbeiten, als Pasta-Füllung zerkleinern oder, wie in unserem Rezept, im Ganzen zubereiten. Einfacher und schneller lässt sich jedenfalls keine marktfrische Vorspeise zaubern!

3–4 Knoblauchzehen
1 kleiner Laib frischer Ricotta (ca. 250 g)
je 1 EL getrockneter Oregano, Basilikum und Estragon
2 EL Olivenöl
Pfeffer nach Geschmack

Und so geht's: Backofen auf 180 °C (Ober- und Unterhitze) vorheizen. Knoblauch schälen und in dicke Scheiben schneiden. Den oberen Teil des Ricottas an verschiedenen Stellen einschneiden und Knoblauch hineinstecken.

Kräuter in einer kleinen Schüssel vermischen. Ricotta mit Olivenöl bestreichen, mit Pfeffer und Kräutern bestreuen. Backpapier auf ein Backblech geben und den Käse daraufsetzen.

Im Ofen auf mittlerer Schiene etwa 20 Minuten backen, bis der Käse eine goldbraune Kruste bekommt. Kurz abkühlen lassen und lauwarm zu frischem Brot, eingelegtem Gemüse oder Oliven servieren. Was übrig bleibt, kann auch kalt auf Brot gegessen werden!

Annes Tipp:
Ein frischer Ricotta vom Wochenmarkt oder aus der Offenbacher Käserei L'Abbate schmeckt um Welten besser als Industrieware aus dem Kühlregal im Supermarkt!

Heidis Tomaten-Carpaccio

Für einen Sommerabend auf Balkonien oder eine Grillparty ist Heidis Tomaten-Carpaccio das perfekte Gericht. Dazu Butter, frisches Sauerteigbrot und ein Glas Rotwein – und die Welt ist in Ordnung. Am besten passt ein Primitivo aus Italien oder sein Pendant aus Kalifornien, der Zinfandel. Vorsicht: Weißwein würde sich wegen seiner Säure mit den Tomaten „beißen"!

Je 2 rote, gelbe, orange, weiße und grüne Tomaten, z. B. Ochsenherz o. Zitrönchen
roter und grüner Basilikum
3 EL weißer Balsamessig
(Aceto Balsamico bianco)
4 EL Olivenöl
Meersalz und frischer Pfeffer nach Geschmack

Und so geht's: Tomaten unter lauwarmem Wasser abwaschen, mit Küchenkrepp trocken tupfen und die Blütenkelche herausschneiden. Basilikum waschen und Blättchen abzupfen. Tomaten mit einem scharfen Messer in möglichst dünne Scheiben schneiden und auf einem großen Teller nach Belieben anordnen. Öl und Aceto mit einer Kuchengabel in einer kleinen Tasse verquirlen und auf den Tomaten verteilen. Nach Geschmack mit Fleur de Sel und frischem Pfeffer würzen.

Heidis Tipp:
Bis zur Zubereitung sollten die Tomaten in der Küche gelagert werden, aber nicht im Kühlschrank! Sonst verlieren sie ihr Aroma und schmecken fade.

Kartoffelsalat mit eingelegten Tomaten

Kartoffelsalat ist meist ein einfallsloser kulinarischer Party-„Normalo“. Unsere Variation aber ist pfiffig und schmeckt alles andere als langweilig. Denn bei uns bleiben die Kartoffeln ganz und haben ein geniales Aroma, das durch den fruchtigen Geschmack von eingelegten Tomaten abgerundet wird. Probieren Sie's mal, am besten mit den kleinen, bissfesten „Bamberger Hörnchen“!

1 kg kleine, fest kochende Kartoffeln
(z. B. Bamberger Hörnchen)
7–8 getrocknete Tomaten in Öl
1 weiße Zwiebel
1 EL Kapern
1 EL von Annes Gemüse-Instant
oder ½ Gemüsebrühwürfel
Olivenöl
Aceto Balsamic bianco
Salz und Pfeffer nach Geschmack

Und so geht's: Kartoffeln gut abwaschen und in kochendem Wasser garen. Gemüsebrühwürfel in ¼ L kochendem Wasser auflösen. Zwiebel schälen und in feine Würfel schneiden. In einer hohen Schüssel aus Essig und Öl, Salz und Pfeffer eine Vinaigrette anrühren. Zwiebeln zugeben und mit der heißen Gemüsebrühe auffüllen.

Tomaten gut abtropfen lassen und in kleine Würfel schneiden. Sind die Kartoffeln gar, in ein Sieb geben, kurz abtropfen lassen, mit einer Gabel anstechen – so ziehen sie besser durch – und in eine Schüssel füllen. Tomaten und Kapern zugeben und mit der lauwarmen Vinaigrette übergießen. Vorsichtig umrühren, abdecken und mindestens 1 Stunde ziehen lassen.

Unser Tipp:
Den Kartoffelsalat am besten schon einen Tag vorher zubereiten und über Nacht ziehen lassen. Dann schmeckt er noch besser!

Spargelgemüse auf Parmesanweck

Die dünnen Stangen mal nicht klassisch in Reih und Glied neben Schinkenröllchen, sondern kreuz und quer auf knusprigem Käsetoast. Unsere vegetarische Spargelvariante ist ein leckerer Snack, im Handumdrehen zubereitet und sehr preiswert. So kann man übrigens auch Kindern Spargel schmackhaft machen!

Je 250 g weißer Spargel und grüner Spargel
1 Karotte
1 Zweig Basilikum
2 Eier
1 Bio-Zitrone
100 g getrocknete Tomaten
6 EL frisch geriebener Parmesan oder Greyerzer
½ Kaffeetasse Milch (ca. 100 ml)
5 EL Olivenöl
2 ½ EL weißer Balsamessig
Je nach Hunger 4–6 Scheiben Vollkorntoast
1 Prise Zucker
Salz und Pfeffer nach Geschmack

Und so geht´s: Käse in eine hohe Schüssel reiben, mit Milch und Eiern verrühren und kräftig würzen. Brotscheiben nebeneinander in einer großen, flachen Schüssel auslegen. Mit der Eimasse übergießen und etwa 15 Minuten weichen lassen.
Weißen Spargel schälen, das untere Ende abschneiden. Grünen Spargel unter fließendem Wasser abwaschen und das untere Drittel abschneiden. Beide Spargelsorten in etwa 3 cm dicke Stücke schneiden.
Tomaten in einem Sieb abtropfen lassen, das Öl auffangen. Tomaten in kleine Würfel schneiden. Karotte schälen und in kleine Stücke schneiden. Basilikum waschen, die Blätter klein zupfen und zur Seite legen.
2 EL Olivenöl und das aufgefangene Öl in einer flachen Pfanne erhitzen, Spargel- und Möhrenstücke etwa 15 Minuten anbraten, bis das Gemüse gar, aber noch bissfest ist. Tomaten zugeben und 5 Minuten mitbraten lassen. Dann Basilikumblätter unter den Spargel mischen, mit Aceto, Salz und Pfeffer würzen und die Pfanne von der Kochstelle nehmen.
In einer zweiten Pfanne das restliche Öl erhitzen. Brotscheiben nach und nach aus der Schüssel nehmen, gut abtropfen lassen und in der Pfanne von beiden Seiten goldbraun anbraten.
Spargel auf den Brotscheiben verteilen, diese auf einer großen Servierplatte oder einzeln auf Tellern anrichten.

Susannes Tipp:
Kohlrabi ist eine prima Alternative zum Spargel. Dazu einen Kohlrabi schälen, in fingerdicke Streifen schneiden, etwa 15 Minuten in ein wenig Wasser bissfest garen, dann in der Pfanne goldbraun anbraten.

Mariniertes Markt-Gemüse

Auf einem Antipasti-Teller darf mariniertes Gemüse nicht fehlen. Wer diese Vorspeise nicht einfach fix und fertig aus dem Glas mogeln will, sollte etwa eine Stunde fürs Marinieren einrechnen. Die Vorbereitung selbst dauert etwa 30 bis 40 Minuten. Der kleine Aufwand lohnt sich auf jeden Fall!

Je 1 rote, gelbe, orange und grüne Paprika
2 Hände voll Champignons
1 Aubergine
3–4 Baby-Karotten
4–5 Knoblauchzehen
2–3 Rosmarinzweige
3 Lorbeerblätter
1 Bio-Zitrone
6 EL Aceto Balsamico bianco
6 EL Olivenöl + 5 EL Olivenöl zum Anbraten
4 TL Salz
Fleur de Sel und Pfeffer nach Geschmack

Annes Tipp:
Gut verpackt in einer Plastikdose lässt sich das Gemüse prima mit ins Büro nehmen. Unterwegs zur Arbeit noch fix ein Laugen- oder Baguettebrötchen dazu gekauft – schon hat man einen mediterranen Lunch.

Und so geht's: Backofen auf 250 °C vorheizen. Pilze abbürsten und halbieren. Gemüse und Zitrone unter fließendem Wasser abwaschen und mit Küchenkrepp trocken tupfen. Knoblauch schälen und in feine Scheiben schneiden. Zitrone in Scheiben schneiden. Karotten schälen und halbieren.
Paprika der Länge nach halbieren und vom Kerngehäuse befreien. Schoten mit der Schale nach oben auf ein Backblech legen, auf mittlerer Schiene etwa eine halbe Stunde lang garen, bis die Schale Blasen wirft und Brandstellen bekommt. In der Zwischenzeit aus Essig, Öl und ein paar Spritzern Zitronensaft eine Marinade rühren
Paprika aus dem Ofen nehmen, mit einem feuchten Tuch abdecken und abkühlen lassen. Nun lässt sich die Schale ganz einfach abziehen. Paprika in Streifen schneiden, in eine flache große Schale legen, darauf einige Knoblauchscheiben verteilen und mit der Hälfte der Marinade beträufeln.
Auberginen in etwa 1 cm dünne Scheiben schneiden, in einer flachen Schüssel auslegen und reichlich mit Salz bestreuen. Mit einem Teller beschweren und 10 Minuten ziehen lassen. Das entzieht den Auberginen die Bitterstoffe. Hinterher gründlich abspülen und mit Küchenkrepp abtrocknen. Ein paar Spritzer Zitronensaft verhindern das Braunwerden des Fruchtfleischs.
3 EL Olivenöl in einer großen Pfanne erhitzen und die Auberginenscheiben darin goldbraun anbraten. Aus der Pfanne nehmen und etwas abkühlen lassen. Währenddessen in frischem Öl die Karotten und Pilze anbraten, danach ebenfalls abkühlen lassen. Auberginen, Karotten und Pilze neben den Paprika verteilen, restliche Knoblauchscheiben darüberstreuen, Zitronenscheiben, Rosmarinzweige und Lorbeerblätter darauf verteilen und mit Marinade beträufeln. Nun 1 Stunde ziehen lassen – oder am besten über Nacht.

Strauchtomaten mit Feta

„Nie wieder gefüllte Tomaten!", hatte sich Heidi geschworen, weil sie sich in den 70-er und 80-er Jahren durch zu viele Partybuffets futterte. Das führte irgendwann zu einer „Russisch-Ei-Allergie" und einer „Fliegenpilz-Mayo-Phobie". Doch: „Sag' niemals nie!" Unser Strauchtomaten-Rezept hat Heidi jedenfalls kuriert. Fette Buffet-Klassiker lassen sich nämlich ganz einfach „entschlanken".

1–2 kg Strauchtomaten
2 Zweige frisches Basilikum
je 1 Zweig Oregano und Estragon
250 g Fetakäse
250 g Magerquark oder Frischkäse (z. B. Philadelphia)
Salz und Pfeffer nach Geschmack

Und so geht's: Tomaten und Kräuter abwaschen und trocken tupfen. Die Tomate „köpfen": den oberen Teil der Tomate wie einen Deckel abschneiden. Das Fleisch mit einem Teelöffel vorsichtig herausschaben und den Deckel zur Seite legen.

Die Blättchen von den Kräuterstängeln zupfen und fein hacken. Ein paar ganze Blättchen als Deko zur Seite legen. In einer Schüssel Feta mit einer Gabel zerdrücken, mit Frischkäse oder Quark zu einer geschmeidigen Masse verrühren, Kräuter unterheben und würzen.

Die Masse in die ausgehöhlten Tomaten füllen. Die Tomaten-Deckel oben draufsetzen und mit einigen Kräuterblättchen bestreuen.

Heidis Tipp:
Wenn etwas von der Füllmasse übrig bleibt, kann man sie als Käse-Dip zu Gemüsesticks oder Grissinis servieren. In einer Plastikdose hält sich die Masse etwa vier Tage im Kühlschrank frisch.

Andreas Ricotta-Dip

Schnell gemacht und einfach köstlich zu geröstetem Weißbrot oder zu Kurzgebratenem passt der fruchtige Ricotta-Dip von Andrea. Und zu Gegrilltem ist der Dip eine schmackhafte Alternative zu langweiligen Grillsaucen aus der Flasche.

1 kleiner Laib Ricotta (ca. 250 g)
2–3 Stängel frischer Thymian
1 Hand voll getrocknete Tomaten
1 Hand voll schwarze Oliven ohne Kern
3 EL Pinienkerne
Salz und Pfeffer nach Geschmack

Und so geht's: Ricotta in eine Schüssel geben und glatt rühren. Mit frisch gemahlenem Pfeffer und Salz würzen.

Thymianblätter von den Stängeln abstreifen und unter den Ricotta-Dip rühren. Getrocknete Tomaten in Öl gut abtropfen lassen und in kleine Würfel schneiden. Oliven ebenfalls klein würfeln. Beides unter den Ricotta-Dip rühren.

Pinienkerne in einer beschichteten Pfanne vorsichtig rösten, bis sie anfangen zu duften. Etwas abkühlen lassen und unter den Ricotta-Dip mischen.

Andreas Tipp:
Wenn noch etwas übrig bleibt, hält sich der Dip in einer Plastikdose etwa drei bis vier Tage im Kühlschrank frisch.

Annes Lachs-Dip

„Einfacher springt Lachs nicht auf's Brot", meint Anne und hat damit wahrscheinlich Recht. Ihr schneller Dip ist jedenfalls eine leckere Alternative zu den üblichen Lachshäppchen, die nach einer Weile ziemlich unansehnlich auf dem Party-Buffet vor sich hin schwitzen.

3 Zweige frischer Dill
1 Bio-Zitrone
4–5 Scheiben Räucherlachs (ca. 300 g)
500 g Frischkäse (z. B. Philadelphia)
¼ L fettarme Milch
1 TL Sahnemeerrettich

Und so geht's: Frischkäse und Milch cremig schlagen. Lachs in kleine Würfel schneiden. Dill mit kaltem Wasser abbrausen, das Grün von den Stängeln zupfen und fein schneiden.

Von der Zitrone etwa ¼ der Schale abreiben, die Frucht halbieren und von einer Hälfte den Saft auspressen. Dill, Zitronensaft und -schale unter die Käsecreme rühren, mit Meerrettich abschmecken und Lachswürfel unterheben.

Annes Tipp:
Dazu schmeckt am besten frisches Sauerteigbrot oder Laugengebäck mit Butter. Gebackene Ofen- oder Folienkartoffeln machen aus dem Lachs-Dip ein leckeres Hauptgericht.

Knackige Salate

Für dieses Kapitel haben wir traditionelle Rezepte kräftig entstaubt, ungewöhnliche Paarungen ausprobiert und in der regionalen Küche gewildert. Dabei haben wir verstanden, warum bei unseren Großeltern im Winter kiloweise Kohl als Salat auf den Tisch kam, im Sommer dagegen bergeweise Tomaten, Blattsalate und Kräuter. Saisonale Salate und Gemüse sind nämlich nicht nur aromatisch, frisch und preiswert, sondern auch nährstoffreich. Kohl- und Wurzelgemüse etwa steckt voller Vitamin C – genau das, was der Körper als Schutz in der kalten Jahreszeit braucht.

Asia-Salat mit Ziegenkäse im Speckmantel

Sie heißen „Asia Green Boy“, „Red Giant“ oder „Mizuna“ und sind die Jungstars auf deutschen Wochenmärkten. Die Neuheiten aus Asien gedeihen auch auf hiesigen Feldern und sind vom Frühsommer bis Herbst zu haben. Der Mizuna ist der mildeste. Seine Blätter haben einen leicht senfartigen Geschmack und ähneln der Rauke. Der würzigere Green Boy ist mit Rucula vergleichbar und der Red Giant mit ausgeprägtem Senf-Aroma erinnert an einen Römersalat. Welcher der drei in Ihrem Einkaufskorb landet, überlassen wir Ihrem Geschmack. Zum warmen Ziegenkäse sind alle drei Newcomer köstlich!

1 Asia-Salat (Mizuna, Green Boy oder Red Giant)
4–8 kleine, runde Ziegenkäse (nicht zu fest und nicht zu weich)
4–8 dünne Scheiben durchwachsener Speck
1 Zwiebel
1 Hand voll Salatkräuter
Essig und Öl
Salz und Pfeffer nach Geschmack

Und so geht's: Asia-Salat nach unserer Salatschule waschen. Vinaigrette zubereiten, mit dem Salat vermischen und ziehen lassen. In der Zwischenzeit die Ziegenkäsetaler mit dem Speck umwickeln und in einer kleinen Pfanne goldbraun anbraten – der Käse sollte aber nicht schmelzen. Salat auf Teller verteilen, mit je 2 Talern dekorieren.

Unser Tipp:
Wir haben dieses Rezept mit Lammkotelletts ergänzt und so ein schnelles, schmackhaftes Hauptgericht gezaubert. Ist kein Asia-Salat zu haben, passen Löwenzahn, Feldsalat, Eichblatt oder Rucola auch wunderbar zum Ziegenkäse.

Handkäs'-Salat mit Blutwurst

„Wie, Handkäse als Salat? Dazu noch Blutwurst? Viel zu fett und viel zu derb! Wo bitte schön sind da die Vitamine?", nörgelten wir anfangs. „Lasst mich nur mal machen", sagte Anne bloß und zauberte die weltbeste Paarung zwischen Handkäse und Blutwurst. Ein Salat muss ja nicht immer vor gesunden Vitaminen strotzen, oder? Wenigstens waren ja zwei Äpfel drin!

3 Handkäse
½ Kringel mittelfeste geräucherte Blutwurst
1–2 feste, säuerliche Äpfel (z. B. Renette, Jona Gold, Goldparmäne)
2 rote Zwiebeln
200 g Schmand oder saure Sahne
Salz und Pfeffer nach Geschmack

Und so geht's: Blutwurst und Handkäse in kleine Würfel schneiden. Zwiebeln und Äpfel schälen und fein würfeln. In einer großen Schüssel den Schmand geschmeidig rühren, mit Salz und Pfeffer abschmecken. Dann Wurst, Käse, Äpfel und Zwiebeln unterheben. 1 bis 2 Stunden im Kühlschrank durchziehen lassen. Eventuell noch einmal nachwürzen.

Annes Tipp:
Wer auf dem Offenbacher Markt unterwegs ist, dem empfehle ich die Blutwurst von Metzger Neun. Sie hat den besten Geschmack und die perfekte Festigkeit für meinen Handkäs'-Salat.

Rotkohl mit Trauben und Aprikosen

Rotkohl kennt man meist nur weich gekocht aus der Dose als winterliche Beilage zu Wild. Doch das preiswerte Gemüse ist das ganze Jahr über zu haben und schmeckt als Salat einfach genial. Außerdem ist der rote Kohl sehr gesund. Wie auch blaue Weintrauben enthält er den blauen Farbstoff „Anthocyan“ und wirkt antioxidativ: Es verstärkt die Wirkung von Vitamin C, unterstützt die Immunabwehr und hemmt Entzündungen. Übrigens sitzen in den äußeren Blättern mehr wertvolle Nährstoffe als im Herzen des Kohls.

1 kleiner Rotkohl (etwa 950 g)
rote Weintrauben (etwa 200 g)
1–2 rote Zwiebeln
1 Bio-Orange
1 Hand voll getrocknete Aprikosen
3 EL Pinienkerne oder Walnüsse
½ Glas Apfelwein oder Riesling (125 ml)
4 EL Weißweinessig
3 EL Sonnenblumenöl
1 EL Zucker
Salz und Pfeffer nach Geschmack

Und so geht's: Aprikosen in schmale Streifen schneiden und in Wein einlegen.

Rotkohl gut abwaschen, mit einem Küchenkrepp trocken reiben und vierteln. Den Strunk herausschneiden und in feine Streifen hobeln. Mit etwas Salz und Zucker bestreuen und mit sauberen Händen gut durchkneten. Dann mit Pfeffer, Essig und Öl abschmecken.

Aprikosen und Weinsud mit dem Rotkraut vermischen und ziehen lassen. Zwiebeln schälen, in feine Ringe schneiden und ebenfalls unter das Rotkraut mischen.

Pinienkerne in einer fettfreien Pfanne anrösten, bis sie duften. Dann von der Kochstelle nehmen und abkühlen lassen. Trauben waschen, halbieren und Kerne entfernen. Die beiden Zutaten ebenfalls mit dem Krautsalat vermengen.

Orange mit heißem Wasser abspülen, trocken tupfen und etwa ein Viertel der Schale als Zesten abhobeln und mit dem Saft von einer halben Orange unter das Rotkraut rühren.

Annes Tipp:
Am Stand vom Sauerkraut Fuchs gibt's Rotkohl schon fix und fertig vorbereitet. Getrocknete Aprikosen sind beim Laier schräg gegenüber vom Markthäuschen zu haben.

Sellerie-Gickel-Salat

Geflügelsalat darf auf keinem Partybuffet fehlen. Meist aber ist er mit Mayonnaise angemacht und kommt ziemlich schlapp daher. Unsere Variante ist dagegen federleicht und schmeckt herrlich fruchtig. Mit einem frischen Stück Baguette oder Ciabatta wird aus einer doppelten Portion Sellerie-Gickel-Salat eine leckere Hauptmahlzeit.

1 kleine Sellerie-Knolle
5–6 Stangen Sellerie
1 Bund Zitronen-Thymian
3 saftige Orangen (z. B. Götterfrucht)
3 säuerliche Äpfel (z. B. Cox Orange, Renette)
1 Bio-Zitrone
2 Hähnchenbrust-Filets (ca. 700 g)
1 Hand voll Walnüsse
250 g Schmand oder Buttermilch
3 EL von Annes Gemüse-Instant
oder 2 Gemüsebrühwürfel
Salz und Pfeffer nach Geschmack

Und so geht's: Hähnchenbrust-Filets in 1 Liter Gemüsebrühe 15 bis 20 Minuten köcheln lassen. In der Zwischenzeit Knollensellerie schälen und in feine Stifte schneiden. Stangensellerie abbrausen und in dünne Scheiben schneiden. Mit Zitronensaft beträufeln, damit er nicht braun wird.

Orangen schälen, die weißen Häutchen entfernen und das Fruchtfleisch in schmale Stücke schneiden. Äpfel halbieren, Kerngehäuse entfernen und die Hälften in dünne Streifen schneiden. Den Thymian abbrausen und die Blättchen abzupfen.

In einer großen Schüssel Schmand mit einigen Spritzern Zitrone anrühren.

Ist das Hähnchen gar, das Fleisch auf einem Küchenbrett in feine Streifen schneiden. Mit dem vorbereiteten Obst und Gemüse in die Schüssel geben und vorsichtig vermengen. Walnüsse und Kräuter unterheben, den Salat mit Salz und Pfeffer abschmecken.

Annes Tipp:
Die Gemüse-Gickel-Brühe nicht wegschütten! Sie tut gut bei Erkältungen und ist eine prima Stärkung für den Kreislauf, vor allem an heißen Sommertagen.

Endivien-Kartoffel-Salat

Endivie ist der „Hippie" unter den Kopfsalaten. Der Salat im „Afrolook" ist in zwei Varianten zu haben, die sich leicht voneinander unterscheiden lassen: Die glatte Endivie wird „Escariol" genannt, die krause Endivie heißt „Frisée". Die glatte Endivie schmeckt etwas herber, die krause Endivie ähnelt einem einfachen grünen Salat. Endiviensalat enthält Bitterstoffe, ist aber sehr gesund und magenfreundlich. Der herbe, knackige Salat wird von Mai bis Dezember angeboten. Er ergänzt sich hervorragend mit Kartoffeln und geröstetem Speck.

1 großer Endiviensalat
4–5 große fest kochende Kartoffeln
(z. B. Sieglinde, Nicola, Ditta)
300 g gewürfeltes Dörrfleisch
1 kleine Zwiebel
3 EL Weißweinessig
2 EL Kürbiskern-Öl
1 Gemüsebrühwürfel
1 Prise Muskat
Salz und Pfeffer nach Geschmack

Und so geht's: Kartoffeln schälen und in 1 Liter Gemüsebrühe 20 bis 30 Minuten köcheln.

In der Zwischenzeit Dörrfleisch in einer fettfreien Pfanne knusprig ausbraten. Endivien waschen (siehe „Salatschule") und in feine Streifen schneiden. Zwiebel schälen und fein würfeln.
Kartoffeln in ein Sieb geben, vom Kochwasser etwa eine halbe Kaffeetasse voll für die Salatsoße abfangen. Kürbiskernöl, Essig und Zwiebeln in die Tasse geben, je 1 Prise Muskat, Salz und Pfeffer abschmecken.

Kartoffeln leicht abkühlen lassen und in kleine Würfel schneiden. In eine hohe Schüssel geben, Endivien und Dörrfleisch hinzugeben und die Salatsoße darübergießen. Die Zutaten vorsichtig miteinander vermischen.

Unser Tipp:
Der Endivien-Kartoffel-Salat passt sehr gut zu gebratenem Fleisch oder Fisch. Wer ihn als Party-Salat vorbereitet und einige Zeit transportieren muss, sollte den Endivien erst vor dem Servieren unterheben. So wird der Salat nicht matschig.

Rucola mit Erdbeeren

Erdbeeren werden in feinen Restaurants gerne als hübscher Farbtupfer für Salate verwendet. Uns hat die rote Beeren-Deko so gut geschmeckt, dass wir gleich ein paar Früchte mehr unter den Salat gemogelt haben. Und voilà, schon wurde ein köstlicher, Vitamin-C-reicher Sommersalat daraus! Ein Klecks Ziegenfrischkäse und geröstete Pinienkerne obendrauf, schon hat man eine dekorative Vorspeise für Gäste. Wer mag, kann es sich aber auch alleine oder zu zweit schmecken lassen.

1–2 Bündel Rucola
1 Schälchen Erdbeeren (250 g)
2 Stängel Basilikum oder Oregano
2 Schalotten
1 Päckchen Ziegenfrischkäse (250 g)
4 EL Pinienkerne
2 EL Olivenöl
2 EL Aceto Balsamico
frischer Pfeffer nach Geschmack

Und so geht's: Pinienkerne in einer fettfreien Pfanne rösten, bis sie duften. Dann abkühlen lassen. In der Zwischenzeit Rucola und Kräuter abbrausen und trocknen (siehe „Salatschule", siehe dort). Beim Rucola die Stiele entfernen. Kräuterblättchen von den Stängeln zupfen, fein hacken und in eine Schüssel geben. Ziegenfrischkäse und die Hälfte der Pinienkerne hinzugeben, vermischen und nach Geschmack mit Pfeffer würzen. Die Masse kalt stellen.

Erdbeeren in ein Sieb geben, abspülen, trocken tupfen, Blütenansätze entfernen und die Beeren längs vierteln. Schalotten schälen und fein würfeln. Aceto und Olivenöl in einem hohen Schälchen mit einer Kuchengabel verrühren, mit Pfeffer würzen und mit den Zwiebelwürfeln vermischen.

Rucola auf Tellern verteilen, die Erdbeeren darauf legen, restliche Pinienkerne darüber streuen und mit der Salatsauce beträufeln. Mit zwei Esslöffeln oder dem Eisportionierer Kugeln aus der Käsemasse ausstechen und auf den Tellern verteilen. Dazu schmeckt am besten frisches Sauerteigbrot oder Baguette mit Butter.

Unser Tipp:
Wer die Erdbeerzeit verpasst hat, kann auch rote Johannisbeeren oder frische Pfirsiche verwenden. Und wenn es keinen Rucola gibt, kann man ihn durch Spinat- oder Eichblattsalat ersetzen.

Fenchel-Salat mit Orangen und Käse

Roher Fenchel hat noch mehr Vitamin C als Orangen, er ist aber nicht jedermanns Geschmack. In Verbindung mit der Süße der Südfrüchte und einem aromatischen Hartkäse wird daraus jedoch eine köstliche Vitamin-Bombe. An heißen Sommertagen einfach das perfekte Abendessen – und für Gäste eine dekorative Vorspeise, die schnell vorbereitet ist.

2 Fenchelknollen, mit Fenchelgrün (etwa 700 g)
2 saftige Orangen
1 Bio-Zitrone
300 g Ziegenhartkäse
5 EL Olivenöl
Fleur de Sel und Pfeffer nach Geschmack

Und so geht's: Fenchelknollen gut abwaschen, das Grün abschneiden, fein hacken und zur Seite legen. Die Knollen halbieren und längs in feine Streifen schneiden.

Käse in Scheiben schneiden. Orangen schälen und mit einem scharfen Messer die weißen Häutchen entfernen. Das Fruchtfleisch in Scheiben schneiden und abwechselnd mit dem Fenchel und dem Käse auf einem Teller fächerförmig dekorieren. Aus dem Saft der Zitrone, Öl, Salz und Pfeffer eine Salatsoße rühren. Diese über den Salat träufeln, zum Schluss mit Fenchelgrün bestreuen.

Unser Tipp:
Ziegenkäse ist laktosefrei, daher ist dieser Salat ideal für Leute mit Laktose-Allergie. Wem Ziegenkäse geschmacklich „zu streng" ist, kann ihn durch italienischen Pecorino oder einen gut gereiften Parmesan ersetzen.

Rote-Bete-Salat mit Äpfeln und Nüssen

Runkelrübe, Rande, Rone, Rotmöhre, Rote Rübe oder Salatrübe – Rote Bete hat viele Namen. Verwandt ist sie mit dem Mangold und der Zuckerrübe. Doch Rote Bete schmeckt alles andere als süß, eher säuerlich-erdig. Wegen ihres hohen Gehalts an Vitamin B, Kalium, Eisen und Folsäure ist die rote Rübe sehr gesund. Doch wer sie frisch zubereiten will, riskiert wegen ihres Farbstoffs Betanin blutrote Finger. Trotzdem lohnt sich die Arbeit, denn der Geschmack von frisch gekochter Runkelrübe ist einmalig gut! Und wenn beim Zubereiten mal was daneben geht: Die roten Flecken gleich mit Seife und heißem Wasser auswaschen!

2–3 Knollen rote Bete
2 Äpfel (z. B. Cox Orange)
1 Hand voll Walnüsse
1 Bio-Zitrone
3 EL Rotweinessig
3 EL Olivenöl
125 ml Schmand
1 Prise milder Madras-Curry
1 Prise Kümmel
1 Prise Zucker
2 EL einfacher Essig
Salz und Pfeffer nach Geschmack

Und so geht's: Rote Bete in Essigwasser mit etwas Kümmel und Salz etwa 30 bis 40 Minuten weich garen. Die Rüben sind gar, wenn die Schale sich beim Abschrecken mit kaltem Wasser fast von alleine löst. Die restliche Schale im Wasser abziehen. Rote Bete in Würfel schneiden und mit Zitronensaft beträufeln.

Äpfel waschen, halbieren und ebenfalls in Würfel schneiden. In einer hohen Schüssel Essig und Olivenöl mit einer Gabel verquirlen, Schmand zugießen, mit Zucker, Salz und Pfeffer abschmecken.

Gewürfelte Rote Bete unter die Schmand-Sauce heben und mit Curry abschmecken. Die Hälfte der Nüsse klein hacken und mit dem Salat vermischen. Salat auf kleinen Tellern anrichten und mit den restlichen Nüssen dekorieren.

Unser Tipp:
Rote Bete gibt es rund ums Jahr, die Haupternte aber ist im Oktober. Gut eingelagert halten die Knollen monatelang. Im Gemüsefach des Kühlschranks bleiben sie etwa vier Wochen frisch. Wer rote Finger scheut, bekommt beim Sauerkraut Fuchs gekochte Rote Bete.

Schwarzer Rettich-Salat

„Langer schwarzer Pariser Rettich“ wird die braunschwarze Rübe auch genannt. Sie gehört zu den Herbst- und Winterrettichen. Ebenso wie ihre schneeweiße Schwester, die „Münchner Bier“ gerufen wird und milder ist. Beide Damen sind in kugelrunder oder in schlanker Form zu haben. Die „Schwarze“ enthält eine gehörige Portion Vitamin C. Deshalb wurde diese Sorte auf langen Seefahrten als Mittel gegen Skorbut gebunkert. Übrigens: Durch das Bestreuen mit Salz oder das Einlegen in Wasser oder Essig reduziert sich die typische Rettich-Schärfe.

2 schwarze Rettiche
1 Hand voll Rettich- oder Radieschensprossen
3 EL Obstessig (z. B. Himbeer- oder Apfelessig)
2 EL Kürbiskernöl
Salz und Pfeffer nach Geschmack

Und so geht's: Rettich schälen und in feine Scheiben schneiden. Essig und Öl mit einer Kuchengabel verquirlen, würzen und über die Rettichscheiben träufeln. Dann mit Sprossen dekorieren.

Annes Tipp:
Den Schwarzen Rettich kann man prima auf Vorrat kaufen. Er hält sich mehrere Tage im Kühlschrank. Vorsicht, der angemachte Salat hält sich jedoch nicht länger frisch und sollte noch am gleichen Tag gefuttert werden.

Offenbacher Markt-Allerlei

Der passionierte Marktgänger und ehemalige Offenbacher Oberbürgermeister Gerhard Grandke regiert die Stadt schon ein paar Jahre nicht mehr. Doch seine Offenbacher haben ihn nicht vergessen. Im Gegenteil: Beim Einkaufen wird der ehemalige OB ständig in Schwätzchen verwickelt. Da hat er seine liebe Not mit dem Einkaufszettel fürs Wochenende. Und wehe, er würde Obst und Gemüse der Bequemlichkeit halber nur an einem einzigen Stand kaufen – der Protest der anderen Marktfrauen wäre groß! Also hat „unser Gerd" samstags etwas längere Wege über den Markt, besorgt hier und dort eine Zutat. Daraus entsteht zuhause meist ein bunter, vitaminreicher Marktsalat.

1 Kräuterblumenstrauß
1 roter Eichblatt-Salat
1 gelbe, orange oder grüne Paprika
1 kg bunte Tomaten
1 Bund Thaibasilikum oder grünes Basilikum
1 Eiszapfen (kleine Rettiche)
1 Gartengurke
1 Bio-Zitrone
1 rote Zwiebel
4 EL Aceto Balsamico bianco
3 EL Olivenöl
Salz und Pfeffer nach Geschmack

Und so geht's: Zwiebel schälen und fein würfeln. Aceto und Öl verquirlen, mit ein paar Spritzern Zitrone, Salz und Pfeffer abschmecken. Den Kräuterblumenstrauß vorsichtig abbrausen, aufschneiden, die Blüten beiseitelegen und die Kräuter fein hacken. Restliche Salate und Gemüse waschen, putzen oder schälen, in eine große Schüssel geben und einige Minuten vor dem Essen mit der Salatsauce vermischen. Auf Tellern verteilen und mit Ringelblumen und Malvenblüten dekorieren.

Gerhard Grandkes Tipp:
Der bunte Salat wird je nach Saison variiert. Und je nach Hunger kann man den Salat mit gebratenen Putenbruststreifen, Geflügelleber oder einfach mit gekochtem Ei, Schinken und Käse belegen. Eine frische Scheibe Holzofenbrot aber gehört immer dazu!

Zehn-Minuten-Krautsalat

Krautsalat schmeckt einfach am besten zu herzhaften Gerichten wie Schweinebraten, Leberkäse oder Grillfleisch. Doch ein fertiger Salat aus dem Supermarkt, das geht gar nicht! Weil das Gehobelte aus dem Plastiktopf einfach nicht schmeckt. Nur zehn Minuten Zubereitungszeit muss man in den besseren Geschmack investieren. Und die sollten für Ihre Gesundheit doch drin sein, oder? Immerhin hat Weißkraut den höchsten Vitamin C-Gehalt aller Krautarten!

1 mittlerer Weißkohl
1 Bund krause Petersilie
3 Knoblauchzehen
200 g gewürfeltes Dörrfleisch
4 EL Essig
4 EL Öl
Salz und Pfeffer nach Geschmack

Und so geht's: Weißkohl so fein wie möglich hobeln. Kräftig Salz darüberstreuen und das Kraut mit den Händen durchkneten. Mindestens eine Stunde ziehen lassen. Dörrfleisch in einer fettfreien Pfanne anrösten.

Knoblauch schälen und in grobe Stücke schneiden. Petersilie abbrausen, trocken tupfen und fein hacken. Essig und Öl miteinander verquirlen, Knoblauch durch eine Presse drücken und hinzugeben. Mit Pfeffer würzen und über das Kraut schütten. Gehackte Petersilie und Speckwürfel drüberstreuen, gut umrühren und nochmals durchziehen lassen.

Zieht der Kohl keine Flüssigkeit, etwas Wasser zugeben. Wichtig: Der Weißkohl verträgt eine Menge Salz, deshalb zwischendrin immer mal wie probieren, wie er schmeckt.

Opa Heinrichs Tipp:
Wer es herzhafter mag, kann den Krautsalat zusätzlich mit Kümmel würzen. Auch die Variante ohne Dörrfleisch, dafür mit frischen Ananastückchen, schmeckt echt lecker.

Kleine Salat-Schule

„Den Salat, den ich letzte Woche bei euch geholt habe, musste ich wegwerfen", beschwerte sich mal eine Kundin bei Heidi. „Ei, ehrlich?", fragte die ganz erstaunt, „der war doch ganz frisch vom Feld, frischer geht's gar net." „Ja, aber der war schmutzig", erwiderte die Kundin vorwurfsvoll. Da verschlug es Heidi die Sprache – was doch eher selten vorkommt. Damit niemand auf die Idee kommt, frischen Salat arglos zu entsorgen, gibt's hier eine kleine Anleitung im Umgang mit dem vitaminreichen Grün – und eine Warnung: Auf dem Wochenmarkt gibt es keine vorgewaschene Fertigware aus der Tüte, wie es mancher Kunde aus dem Supermarkt gewohnt ist!

Ein Salat, der auf echtem Ackerboden aufgewachsen ist, kann durchaus mit Erde oder Sand „verschmutzt" sein – je nach Sorte und Wetter. Ist mal eine kleine Raupe oder Schnecke dabei, ist das kein Grund zur Beschwerde, sondern ein Qualitätsmerkmal dafür, dass das Grünzeug ungespritzt ist. Wie auch andere Direktanbieter erntet Heidi ihre Salate, Kräuter und Gemüse jeweils am Tag vor dem nächsten Markttermin von ihren Feldern in Frankfurt-Oberrad. Die Kräuter für die original „Frankfurter Grüne Soße" bezieht sie von ihrer Freundin, aus dem Gewächshaus nebenan. Von dort aus sind es nur ein paar Kilometer bis nach Offenbach – und nicht ein paar hundert, die beispielsweise niederländische Importware hinter sich hat.

Übrigens: Eisbergsalat ist zwar fast ewig haltbar, hat aber auch am wenigsten Geschmack und Vitamine. Deshalb ist er bei Heidi auch nicht im Sortiment. Dafür hat man die Auswahl zwischen Asia-Salat, Batavia hell und dunkel, Chicorée, Chinakohl, Eichblatt hell und dunkel, Endivie und Frisée als Variante ohne Bitterstoffe, Faulenzersalat, Feldsalat, Felice, Kopfsalat, Lollo Rosso und Lollo Biondo, Radicchio, Romana, Rucola, Schnabelsalat und Trotzkopf.

Es dauert übrigens nicht länger als fünf Minuten, bis ein frischer Salat vom Wochenmarkt verzehrfertig ist. Und so einfach geht's:

➲ Das Spülbecken halbvoll mit kaltem Wasser füllen. Bei Endiviensalat sollte das Wasser lauwarm sein, damit sich die Bitterstoffe verflüchtigen.

➲ Salat kopfüber ins Wasser tunken und ein paar Minuten „baden" lassen. So lösen sich Erdpartikel, Lehm oder Sandkörnchen ab und sinken auf den Beckenboden.

➲ Feldsalat, Rucola und „Grüne Soße"-Kräuter werden auf die gleiche Weise behandelt. Zuvor die Rucolablätter aus dem Gebinde lösen und die Kräuter aus dem Päckchen wickeln. Dann alle Blätter und Stängel lose auf der Wasseroberfläche verteilen, mit der Handfläche eintunken und „ruhen" lassen.

➲ Nach der „Badezeit" den Salat am Strunk fassen und ruckartig aus dem Wasser ziehen. Rucola, Feldsalat oder „Grüne Soße"-Kräuter herausnehmen und in einem Sieb abtropfen lassen. Wenn den Blättern noch Sand anhaftet, die Prozedur wiederholen.

➲ Wasser ablassen und das Becken neu füllen. Den Salatstrunk mit einem kleinen Messer abschneiden, damit sich die Blätter lösen. Die losen Blätter im Wasser verteilen. Feldsalat knapp oberhalb der Wurzeln abschneiden, mit den losen Blättern ebenso verfahren. Beim Rucola die Stiele entfernen. Sind die Stiele von Grüne Soße-Kräutern zu lang, etwa bei der Petersilie, diese halbieren und später mit verarbeiten.

➲ Salatblätter oder Kräuter einige Male mit der Hand hin- und herbewegen, dabei unter Wasser drücken. Dann kurz ruhen lassen, in eine Salatschleuder geben und trocknen. So wird jeder Acker-Salat und jedes Kräutchen blitzsauber!

Der Dressing-Code

Der Salat ist gewaschen. Jetzt fehlt nur noch die Sauce. Aber bitte kein Fertig-Dressing aus der Flasche! Denn neben Essig, Öl und Gewürzen stecken in den Fertigsaucen meist jede Menge Geschmacksverstärker, Verdickungsmittel, Farbstoffe und Zucker. Auch wenn die Aufschrift mit „Genuss", „Joghurt" oder „natur" lockt, bringt das noch lange keine aromatische Würze für den Salat.

Anstatt der handelsüblichen Geschmackskiller lässt sich schnell ein Basis-Dressing machen, das man dann nach Gusto verfeinern kann. So wird ein Basis-Dressing hergestellt:

➲ 1 Zwiebel schälen, in kleine Würfel schneiden und mit 1 Drittel Balsamessig (z. B. Aceto Balsamico / Bianco) und 2 Drittel Öl am besten mit einer kleinen Gabel so lange verrühren, bis eine homogene Sauce entstanden ist. Mit Salz, Pfeffer, einer Prise Zucker oder einem Spritzer Zitronensaft abschmecken.

➲ Ein paar Kräuter – zum Beispiel Schnittlauch, Petersilie, Dill oder Estragon – waschen, schneiden und ebenfalls zur Salatsauce geben. Es können nie genug Kräuter sein!

➲ Die Salatblätter in eine große Schüssel geben, Sauce darüber geben und mit einem Salatbesteck unter die Blätter heben. Das Ganze gut durchmengen.

➲ Etwa 10 Minuten marinieren lassen. Dabei nimmt der Salat das Dressing-Aroma gut an. Die Sauce einfach auf die Salatblätter zu träufeln, bringt kein Aroma.

➲ Wichtig: Erst kurz vor dem Servieren nochmals 1–2 EL Olivenöl an den Salat geben und mischen. So fällt der Salat nicht in sich zusammen.

Dieses Basis-Dressing lässt sich mit den folgenden Zutaten je nach Geschmack ganz einfach variieren und verfeinern:

➲ Zucker durch Honig oder Ahornsirup ersetzen,

➲ Olivenöl durch Raps-, Sonnenblumen-, Walnuss- oder Kürbiskernöl,

➲ Balsamessig durch Himbeer-, Apfel- oder Sherry-Essig.

Wer eine cremige Sauce haben möchte, kann etwas saure Sahne, Buttermilch oder Joghurt zugeben. Honig- oder Feigensenf geben dem Salat eine angenehme Schärfe. Auch durch Kresse oder Sprossen bekommt der Salat eine aromatische Würze.

Probieren Sie einfach aus, welche Kombination Ihnen am besten schmeckt!

Unser Tipp:
Am besten alle Zutaten in ein Schraubglas füllen und kräftig schütteln. So hat man die richtige Konsistenz. Wer gleich die doppelte Menge macht, hat fürs nächste Mal eine köstliche, selbst gemachte „Fertigsauce". Gut verschlossen bleibt sie etwa eine halbe Woche im Kühlschrank frisch.

„Hauptsache verrückt!“, lautet der Dress(ing)-Code zur Faschingszeit.

Diese Rezepte für den Suppentopf sind leicht, preiswert und praktisch. Fast alle Suppen sind in rund 15 Minuten zubereitet. Sie können vorgekocht und auch eingefroren werden, wenn mal was übrig bleiben sollte. Die meisten Suppen und Eintöpfe sind vegetarisch, vertragen sich aber auch bestens mit Fleisch-, Wurst- oder Fischeinlagen. Ob vorweg oder als Hauptmahlzeit, etwas Leckeres zum Löffeln macht gute Laune und wärmt die Seele. Nicht nur im Winter. Wir hatten jedenfalls eine Menge Spaß beim Kochen und Auslöffeln unserer Suppen.

Suppen & Eintöpfe

Offebacher Gazpacho

Herrlich erfrischend für heiße Sommertage ist die Offebacher Gazpacho. Sie lässt sich prima vorbereiten und kann, gut verschlossen in einer Plastikbox, auch als Lunch mit zur Arbeit genommen werden. Bis auf die knusprigen Brotwürfel ist unsere Gurken-Basilikum-Kaltschale sehr kalorienarm und kann ohne Reue gelöffelt werden.

2 große Salatgurken
1 großer Bund Basilikum
3 junge Knoblauchzehen
½ Bio-Zitrone
4 Scheiben Bauernbrot oder Toast
2 x 500 g Becher Kefir oder Buttermilch
3 EL Butter
1 Prise Zucker
Salz und Pfeffer nach Geschmack

Und so wird's gemacht: Zwiebeln schälen und fein würfeln. Gurke schälen und in kleine Würfel schneiden. Basilikum waschen, mit einem Küchenkrepp abtrocknen und die Blätter abzupfen. Davon einige Blättchen als Deko zur Seite legen.

Von der Zitronenschale einige Zesten abhobeln, den Saft der halben Zitrone auspressen. Kefir und Basilikum in eine hohe Schüssel geben und mit einem Zauberstab fein pürieren. Anschließend Gurkenwürfel hinzugeben. Mit Zitronensaft, Zucker, Salz und Pfeffer abschmecken und kalt stellen.

Bauernbrot in kleine Würfel schneiden. Knoblauch schälen und fein würfeln. Butter in einer kleinen Pfanne erhitzen, Knoblauch und Brotcroûtons hinzugeben und knusprig rösten. Die Kaltschale in Suppenteller oder große Gläser füllen, mit Croûtons, Zitronenzesten und einem Basilikumblättchen dekorieren und servieren.

Unser Tipp:
Statt Salatgurken schmecken auch Schmorgurken köstlich. Dazu 1 kg Gurken schälen, halbieren, entkernen, klein würfeln und 15 Minuten mit 200 ml Gemüsebrühe garen. Abkühlen lassen und pürieren. Buttermilch unterrühren, mit 1 Teelöffel Senf und Gewürzen abschmecken, mit einer Hand voll frischem Dill bestreuen.

Cremige Mäuseöhrchen-Suppe

Mal was anderes: Feldsalat als Suppe. Die nussigen Blättchen, wegen ihrer Form auch „Mäuseöhrchen" genannt, schmecken auch warm sehr lecker. Außerdem ist die grüne Suppe unverschämt gesund: Denn in den grünen Blättchen stecken wertvolle Baldrianöle, viel Provitamin A und Vitamin C.

250 g Feldsalat
400 g Kartoffeln, mehlig kochend (etwa 3 Stück)
2 Schalotten oder 1 Zwiebel
1 Knoblauchzehe
1 TL frischer Zitronensaft
70 g roher Schinken, dünn geschnitten
100 g Sahne
2 EL Butter
1 Spritzer Worcestersauce
1 Würfel Gemüsebrühe
oder 1 TL von Annes Gemüse-Instant
1 Prise Zucker
½ L Wasser
Salz und Pfeffer nach Geschmack

So wird's gemacht: Zwiebeln und Knoblauch fein würfeln. Kartoffeln in Scheiben schneiden. Schinken in Streifen schneiden. Gemüsebrühe in kochendem Wasser auflösen.

Butter in einem hohen Topf erhitzen, darin Zwiebeln und Knoblauch anbraten. Kartoffelscheiben hinzugeben, Gemüsebrühe zugeben, bei geschlossenem Deckel etwa 20 Minuten köcheln lassen.

Feldsalat waschen, Wurzelenden entfernen und in einer Salatschleuder trocknen. Ein paar Blättchen als Deko zur Seite legen. In einer heißen Pfanne ohne Fett den Schinken knusprig ausbraten. Sahne und Feldsalat zur Gemüsesuppe geben und mit einem Zauberstab pürieren. Nun nicht mehr aufkochen! Suppe in Suppentassen füllen, mit Schinkenstreifen und ein paar Feldsalatblättchen dekorieren und servieren.

Annes Tipp:
Ist keine Saison für Feldsalat, schmeckt das Rezept ebenso gut mit Brunnenkresse, Rauke oder Kopfsalat. Statt Schinken passt geräucherter Lachs dazu. Und wer's lieber vegetarisch mag, röstet sich ein paar Brotwürfel oder Walnüsse.

Offenbacher Gemüsesuppe

Ein echter Klassiker und gleich tütenweise an Heidis Gemüsestand zu haben. Alle Zutaten werden von den Marktfrauen ganz frisch zusammengestellt.

1 Tüte „Heidis Suppengemüse"
oder je nach Saison:
½ Sellerieknolle
1 Stange Lauch
¼ Blumenkohl
¼ Wirsing
2 Karotten
1 rote Paprika
1 Hand voll Bohnen
1 Hand voll Erbsen
1 Zwiebel
1–2 Tomaten
ein paar Stängel Petersilie
2 Lorbeerblätter
1 Würfel klare Gemüsesuppe oder
2 EL von Annes Gemüse-Instant
Salz und Pfeffer nach Geschmack

So wird's gemacht: Sämtliche Gemüse und Kräuter abbrausen. Danach Sellerieknolle und Zwiebel schälen und fein würfeln. Bei Lauch und Karotten die unteren Enden abschneiden, vom oberen Ende des Lauchs ein wenig Grün entfernen, beide Gemüse in dünne Scheiben schneiden. Paprika halbieren und Kerngehäuse entfernen. Beide Hälften in feine Streifen schneiden.

Erbsen aus den Schoten pulen, bei den Bohnen die Enden entfernen, den Rest in daumendicke Stücke schneiden. Tomate grob würfeln. Blumenkohl vorsichtig zerkleinern, damit möglichst viele Röschen erhalten bleiben. Beim Wirsing die äußere Blattschicht entfernen und den Wirsing in feine Streifen schneiden. Petersilie grob zerkleinern und zur Seite stellen.

Alle Zutaten mit dem Lorbeer in einen großen Topf geben, mit 1 bis 2 L Wasser auffüllen und etwa 20 Minuten köcheln lassen. Bitte nicht kochen! Fertig ist die wahrscheinlich einfachste und frischeste Gemüsesuppe der Welt!

Annes Tipp:
Die Gemüsesuppen-Tüte gibt's das ganze Jahr hindurch auf dem Wochenmarkt, je nach Saisongemüse variiert die Zusammensetzung. Wer es ein wenig schärfer mag, kann ein klitzekleines Stückchen frische rote Peperoni mit der Suppe köcheln lassen.

Spargelsuppe mal anders

Spargelcremesuppe ist ein Klassiker, aber auch ein kleiner Langweiler. Deshalb haben wir sie mit frischem Zitronenthymian, roter Zwiebel und Ingwer verfeinert. Ein gewürfeltes Hühnerbrüstchen macht die Suppe zu einer nahrhaften, aber trotzdem kalorienarmen Hauptmahlzeit.

Je 500 g weißer und grüner Spargel
1 Bund Zitronenthymian oder Koriander
2 Stangen Zitronengras
1 daumengroßes Stück Ingwer
1 rote Zwiebel
1 Hühnerbrustfilet (ca. 200 g)
1 TL Currypulver
2 EL Sonnenblumenöl
2 EL Sahne
2 Würfel Gemüsebrühe
oder Annes Gemüse-Instant
Salz und Pfeffer nach Geschmack

Und so wird's gemacht: Weißen Spargel schälen, den grünen Spargel waschen, bei beiden Sorten die Enden abschneiden und die Stangen in daumenlange Stücke schneiden. Zitronengras waschen und in der Mitte durchschneiden. Gemüsebrühwürfel in 1 ½ Liter kochendem Wasser auflösen.

Zwiebel und Ingwer schälen und fein würfeln. Hühnerbrust in Streifen schneiden. Das Öl in einem hohen Topf erhitzen, die Hühnerstreifen kurz anbraten. Zwiebel- und Ingwerwürfel zugeben, mit Salz und Pfeffer würzen und umrühren.

Gemüsebrühe einfüllen, Currypulver, Sahne, Spargel und Zitronengras hinzugeben und die Suppe einmal umrühren. Etwa 15 Minuten leicht köcheln lassen, bis der Spargel weich, aber noch bissfest ist. Vor dem Servieren die Zitronengras-Stängel aus der Suppe fischen.

Susannes Tipp:
Wer es exotischer will, kann eine kleine Dose Kokosmilch mit der Gemüsebrühe zugeben und einen schärferen Curry nehmen, zum Beispiel Hot Madras Curry Powder.

Petersilienwurzelsuppe mit Birne

Einfach köstlich schmeckt dieses traditionelle Wurzelgemüse, von dem die meisten Leute nur das kennen, was über der Erde wächst: das Petersilienkraut. Die längliche, spitz zulaufende Rübe wird im Herbst geerntet und das ganze Jahr über angeboten. Sie ist ein regelrechtes Fitness-Futter. Denn sie enthält nur sehr wenig Kohlehydrate, aber jede Menge Eiweiß, Vitamin C und B-Vitamine, Kalzium und Eisen.

400 g Petersilienwurzeln (3–4 Stück)
250 g mehlig kochende Kartoffeln
4 Schalotten (Echalottes)
400 g Dörrfleisch, fein geschnitten
2 Zweige Thymian
2 Zweige glatte Petersilie
2 Birnen, fest kochend (z. B. Nashi)
1 Zitrone
1 L Rinderbrühe oder Gemüsebrühe
100 ml Weißwein
250 ml Sahne
Muskat
1 TL brauner Zucker
2 EL Butter
Salz und Pfeffer nach Geschmack

Und so wird's gemacht: Thymian- und Petersilienzweige abwaschen und trocken tupfen. Petersilienwurzeln, Kartoffeln und Schalotten schälen und fein würfeln. Butter in einem hohen Topf erhitzen, die Gemüsewürfel darin anbraten. Mit Wein ablöschen, Rinderbrühe und Sahne zugeben. Mit Muskat, Salz und Pfeffer würzen. Die Suppe bei geschlossenem Deckel circa 30 Minuten leicht köcheln lassen.

Dörrfleisch in einer großen Pfanne ohne Fett knusprig braten. Fertige Streifen auf Küchenkrepp legen.

Birnen schälen, Kerngehäuse entfernen und Fruchtfleisch in Würfel schneiden. Mit Thymianzweigen, Zucker, Zitronensaft und 4 EL Wasser in einen Topf geben und vermengen, kurz aufkochen und etwa 1 Minute garen.

Suppe mit einem Stabmixer pürieren, Blättchen von Petersilienzweigen pflücken und zur Suppe geben, nochmals pürieren. In tiefe Teller geben, mit je einem Klecks Birnen und den Speckstreifen dekorieren.

Susannes Tipp:
Die Petersilienwurzelsuppe lässt sich gut vorbereiten und ist ein köstlicher Auftakt für Essensgäste. Wenn Vegetarier dabei sind: statt der Speckstreifen einige Krümel Ziegenkäse oder Gorgonzola in die Suppe einrühren.

Offenbacher Männerglück

Dieser schöne, dicke Kartoffeleintopf mit herzhafter Wursteinlage lässt das Herz von Annes Ehemann höher schlagen. Dann nämlich, wenn er all die vielen Stückchen Bierschinken, Leber- und Blutwurst aus seinem Suppenteller löffelt. Annes Kindern schmeckt das „Männerglück" übrigens auch.

1 kg weich kochende Kartoffeln
150 g Presskopf oder Bierschinken am Stück
4 kleine Blut- und Leberwürstchen
4 Lorbeerblätter
1 Gläschen Sahnemeerrettich
2 Gemüsebrühwürfel
oder 4 EL von Annes Gemüse-Instant
etwas Essig
Bei Bedarf: 1–2 TL Mondamin oder Guarkernmehl
Pfeffer und Salz nach Belieben

Und so geht's: Kartoffeln schälen und in dünne Scheiben schneiden. Gemüsebrühwürfel in 1 ½ Liter kochendem Wasser auflösen. Brühe in einen hohen Topf gießen, kurz zum Kochen bringen. Kartoffelscheiben, Lorbeerblätter und 2 TL Sahnemeerrettich zugeben. Umrühren und bei geschlossenem Deckel etwa 20 Minuten köcheln lassen.

In der Zwischenzeit die Pelle des Presskopfs entfernen, die Wurst in fingerdicke Streifen schneiden. Die Blut- und Leberwürstchen in der Pelle lassen.

Suppe nach Belieben mit Essig, Pfeffer und Salz würzen. Presskopfstreifen, Blut und Leberwurst unterheben. Weitere 10 Minuten köcheln lassen. Dann servieren.

Annes Tipp:
Wer den Eintopf dickflüssiger haben möchte, kann 1 TL Mondamin oder Guarkernmehl einrühren. Vorsicht: Guarkernmehl dickt sehr intensiv, deshalb nur in ganz kleiner Menge verwenden!

Schnelle Broccoli-Cremesuppe

Eine sehr preiswerte und unkomplizierte Suppe, die trotzdem etwas hermacht: Das Basilikum gibt der Suppe eine fruchtig-herbe Würze und der Blauschimmelkäse eine nussige Note. Eine unserer Lieblingslöffeleien, wenn's mal ganz schnell gehen muss!

500 g Broccoli (etwa 2 Stück)
½ Bund Basilikum
60 g kräftiger Blauschimmel-Käse (Gorgonzola)
2 Gemüsebrühwürfel
oder 2 EL von Annes Gemüse-Instant,
in 1 L kochendem Wasser aufgelöst
1 EL Butter
1 Becher Sahne oder Sauerrahm (250 g)
Salz und Pfeffer nach Geschmack

Und so wird's gemacht: Gemüse-Instant in 1 Liter kochendem Wasser auflösen, in einen hohen Topf füllen und aufkochen lassen. Broccoli waschen, die Röschen abschneiden, die Stiele schälen und in Stücke schneiden. Das Gemüse mit Butter ins kochende Wasser geben und etwa 15 Minuten garen.

Basilikum waschen, Blättchen abzupfen und in grobe Stücke zerteilen. Sind die Broccolistückchen gar, die Suppe mit einem Pürierstab fein pürieren. Danach Basilikum unterheben und ebenfalls pürieren. Sahne unterheben und die Suppe nach Belieben abschmecken. In tiefe Teller füllen und mit Gorgonzolastücken dekorieren.

Unser Tipp:
Dazu schmeckt am besten frisches Sauerteigbrot oder Ciabatta. Wer keinen Blauschimmel-Käse mag, kann ihn durch Ricotta ersetzen. Geräucherte Lachsstreifen und ein paar geröstete Mandelblättchen statt Käse verwandeln die Suppe in eine feine Vorspeise für Gäste.

Erdkohlrabi-Eintopf mit Kartoffelwurst

Heidis Schwiegermutter kennt Erdkohlrabi oder Steckrüben noch als „Multifunktions-Gemüse". Während des Zweiten Weltkriegs, als Lebensmittel knapp waren, gab es Rezepte für Steckrüben-Marmelade, Aufläufe, Suppen, Sauerkraut-Ersatz aus Steckrüben und sogar Steckrüben-Kaffee. Vor einigen Jahren wurde das „Kriegsgemüse" wieder entdeckt und zum „Fitnessgemüse" ernannt. Das goldgelbe Innere ist nämlich sehr kalorienarm, enthält viele wertvolle Mineralstoffe und Vitamine sowie Carotin.

1 kg Erdkohlrabi
500 g Kartoffeln
1 Stange Lauch
1 große Zwiebel
1 Bund Petersilie
4 Kartoffelwürstchen
250 g geräucherter Bauchspeck
1 Gemüsebrühwürfel oder
2 EL von Annes Gemüse-Instant
Majoran
3 EL Sonnenblumenöl
2 EL Butterschmalz
Salz und Pfeffer nach Geschmack

Und so wird's gemacht: Kohlrabi und Kartoffeln schälen, dann in kleine Würfel schneiden. Lauch abbrausen, das untere Ende abschneiden, am oberen Ende noch etwas vom dunklen Grün dranlassen, den Rest in dünne Ringe schneiden. Zwiebel schälen und fein würfeln. Petersilie abbrausen und fein schneiden.

1 Liter Wasser erhitzen und den Brühwürfel oder das Instant darin auflösen. Öl in einen hohen Topf geben, erhitzen und die Zwiebelwürfel darin goldgelb anbraten. Danach Lauch, Kartoffeln und Erdkohlrabi hinzufügen und für 1 bis 2 Minuten mitbraten lassen. Nun das Gemüse mit der Brühe auffüllen und würzen. 20 bis 30 Minuten köcheln lassen.

In der Zwischenzeit Bauchspeck grob würfeln, Würstchen in dicke Scheiben schneiden und in einer Pfanne mit Butterschmalz goldbraun anbraten. Zusammen mit der Petersilie etwa 10 Minuten vor Ende der Garzeit zum Eintopf geben.

Heidis Tipp:
Der Erdkohlrabi-Eintopf ist ein leckeres und sehr preiswertes Winteressen. Wer es gerne säuerlich mag, kann einige Spritzer Weißweinessig in den Eintopf geben.

Kürbiscreme-Suppe mit Ingwer

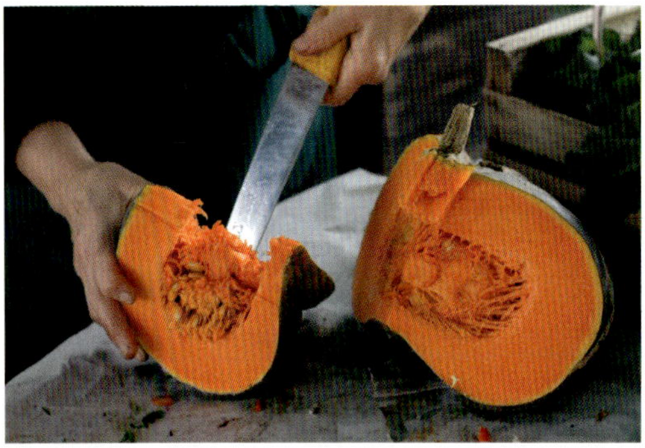

Der Kürbis ist eine der ältesten und vielfältigsten Ess-Pflanzen der Welt. Archäologische Funde belegen, dass schon vor 12.000 Jahren Flaschenkürbisse in Peru verarbeitet wurden. Weltweit soll es über 850 verschiedene Kürbisarten geben. Wir hingegen kannten das vielseitige Gemüse früher nur als gelbe Würfel aus Omas Einmachglas. Wegen seiner Vielseitigkeit aber ist der Kürbis längst zum Küchenklassiker geworden. Meist kommt er als Suppe auf den Tisch. Kürbisfleisch enthält übrigens viele Vitamine und Mineralstoffe – und ist sehr kalorienarm.

2–3 Kg Kürbis nach Wahl
(Hokkaido, Butternuss, Muskat, o. a.)
3–4 Kartoffeln, mehlig kochend
1 große Zwiebel
1 fingergroßes Stück frischer Ingwer
2 Gemüsebrühwürfel oder
3 EL von Annes Gemüse-Instant
220 ml Sahne
1 Hand voll Kürbiskerne
3 EL Olivenöl
1–2 EL Kürbiskernöl
1 Messerspitze Muskat
Salz und Pfeffer nach Geschmack

Und so geht's: Je nach Sorte Kürbis schälen oder gut mit heißem Wasser abwaschen. Kürbis halbieren und das Kerngehäuse vorsichtig vom Fruchtfleisch trennen – das klappt am besten mit einem Esslöffel.

Brühwürfel in 1 bis 1 ½ Liter heißem Wasser auflösen. Kürbisfleisch mit einem großen Messer in grobe Würfel schneiden. Kartoffeln, Zwiebel und Ingwer schälen und fein würfeln. Öl in einen Suppentopf geben, Zwiebel darin glasig anbraten. Danach Kartoffel- und Kürbiswürfel zugeben und weitere 1 bis 2 Minuten garen lassen.

Gemüse mit Brühe auffüllen, Ingwer zugeben, alles umrühren und 30 bis 40 Minuten sanft köcheln lassen. In der Zwischenzeit Kürbiskerne in einer fettfreien Pfanne anrösten.

Topf vom Herd nehmen, den Inhalt mit einem Zauberstab pürieren. Sahne unterrühren, Suppe nach Geschmack würzen und noch einmal kurz erhitzen. Dann möglichst heiß in tiefe Teller füllen. Einige Kleckse Kürbiskernöl darauf geben und mit den Zinken einer Gabel spiralförmige Muster ziehen. Zum Schluss einige Kürbiskerne auf der Suppe verteilen.

Annes Tipp:
Für Suppe oder Eintopf eignet sich am besten ein Hokkaido: Die dünne Schale lässt sich besonders leicht schälen; wenn's ein Bio-Kürbis ist, kann die Schale sogar dranbleiben. Wer es nussig mag, greift zu einen Pink Banana, Muskat- oder Butternuss-Kürbis.

Soja-Bratlinge und Tofuburger waren einmal der Inbegriff für vegetarisches Kochen. Doch heute geht es längst nicht mehr um die Suche nach dem besten Fleischersatz, sondern um abwechslungsreichen Genuss auf dem Teller. Fleisch fehlt dabei ganz und gar nicht. Im Gegenteil: Immer mehr Leute entscheiden sich bewusst, weniger Fleisch zu essen oder verzichten sogar ganz darauf. Mit der riesigen Auswahl an erntefrischem Gemüse und Kräutern auf dem Wochenmarkt fällt das auch nicht schwer. Unsere köstlichen Rezepte, von rustikal bis edel, geben schon mal einen kleinen Vorgeschmack.

Fleischlos (glücklich)

Oliven-Reibekuchen und Tzatziki

Hier verwandelt sich der deutsche Kartoffel-Klassiker in einen herzhaften „Multi-Kulti"-Mix, verfeinert mit Oliven aus der Türkei und Tzatziki nach original griechischem Rezept. Vorsicht: Wer unsere Reibekuchen einmal gekostet hat, wird nie wieder Tiefkühl-Fertigtaler aus dem Supermarkt kaufen!

6–7 vorwiegend fest kochende Kartoffeln
1 Salatgurke
1 Bund Frühlingszwiebeln
1 Zwiebel
3 Knoblauchzehen
1 Hand voll türkische schwarze Oliven, entkernt
250 g griechischer Joghurt
100 g saure Sahne
4 EL Mehl
¼ TL Weinstein-Backpulver
2 EL Olivenöl und Öl zum Ausbacken
1 EL Weißweinessig
Salz und Pfeffer nach Geschmack

Unser Tipp:
Wenn man die Oliven weglässt und ein bis zwei Zucchini in den Teig reibt, werden feine „Zucchini-Puffer" daraus – oder zur Bärlauch-Saison würzige „Bärlauchküchlein".

Und so geht's: Kartoffel schälen, mit einer Küchenreibe oder Küchenmaschine grob raspeln. In einem Sieb abtropfen lassen und darin einige Male gut ausdrücken. So zerfallen die Küchlein nicht beim Backen.

Alle Knoblauchzehen und die Zwiebel schälen und fein würfeln. Frühlingszwiebeln abbrausen, mit Küchenkrepp abtrocknen und in feine Ringe schneiden. Auch das dunkle Grün mit verwenden! Oliven in kleine Stücke schneiden. In einer Schüssel Mehl, Backpulver, Salz und Pfeffer gründlich miteinander vermischen. Ein Viertel des Knoblauchs, Zwiebelringe und Oliven hinzufügen. Kartoffelmasse nochmals ausdrücken, ebenfalls in die Schüssel geben und mit den restlichen Zutaten vermengen.

Für das Tzatziki die Gurke heiß abwaschen, abtrocknen und fein raspeln. In ein frisches Küchentuch geben und gut ausdrücken. So zieht das Tzatziki weniger Wasser. Joghurt und saure Sahne in eine Schüssel füllen, Gurken, restlichen Knoblauch und Zwiebeln sowie Olivenöl und Essig hinzugeben. Mit Salz und Pfeffer abschmecken und zu einer geschmeidigen Masse verrühren. Bis zum Servieren kühl stellen.

Backofen auf 50 °C (Ober- und Unterhitze) vorheizen. In einer großen Pfanne reichlich Öl erhitzen, je 1 gehäuften EL Teig einfüllen und mit dem Löffel flachdrücken. Zwischen den Küchlein genügend Abstand lassen! Auf jeder Seite etwa 3 Minuten knusprig ausbacken. Fertige Küchlein auf einen Teller mit Küchenkrepp legen, mit einem zweiten Teller abdecken und im Ofen warm halten, bis alle Kartoffelplätzchen ausgebacken sind. Die Küchlein mit einem Klecks Tzatziki auf Tellern verteilen.

Feine Thymiannudeln mit Pfifferlingen

„Ein spätsommerliches Rezept für einen glücklichen Ehemann und liebe Gäste", so hat uns Mechthild Diefenbach ihr Lieblingsgericht beschrieben. Die Apothekersgattin verwendet dazu frische Pfifferlinge. Wenn noch keine Saison ist, nimmt sie Egerlinge – aromatische braune Champignons – und mogelt ein paar getrocknete „Pfiffer" darunter.

250 g frische Pfifferlinge
2 Schalotten
4 Thymianzweige
2 Zweige krause Petersilie
1 Bio-Zitrone
300 g feine Bandnudeln, z. B. Tagliolini
50 ml Madeira-Wein
1 Becher Sahne (200 ml)
4 EL Butter und 2 EL Olivenöl
¼ Hühnerbrühwürfel
Salz und Pfeffer nach Geschmack

Und so wird's gemacht: Pfifferlinge putzen – möglichst nicht waschen. Je nach Größe halbieren. Schalotten schälen und fein würfeln. Thymian und Petersilie abbrausen und trocken tupfen. Thymian-Blättchen abzupfen und fein hacken, die Petersilie ebenfalls.

Nudeln in Salz-Wasser „al dente" kochen. Danach abtropfen lassen.

Brühwürfel in einer kleinen Tasse in heißem Wasser (ca. 100 ml) auflösen.

Schalotten in heißem Olivenöl andünsten. Pfifferlinge zufügen und kurz mitbraten. Mit Madeira ablöschen, Brühe und 150 ml Sahne dazugießen, leicht einköcheln lassen. Mit Salz und Pfeffer abschmecken.

Zitrone heiß abwaschen, Schale trocknen und fein abhobeln. 2 EL Butter zerlassen, Thymian und Zitronenschale darin andünsten. Dann die Nudeln zufügen und unterheben.

Restliche Sahne schaumig schlagen. Pfifferlingsragout mit Schlagsahne und restlicher Butter verfeinern. Petersilie untermischen und mit den Nudeln servieren.

Mechthilds Tipp:
Die Thymiannudeln mit Pfifferlingen sind ein köstlich-leichtes Hauptgericht. Sie passen aber auch wunderbar als Beilage zu einem Hasenrücken, Hirschsteak oder Wildragout. Wer sich ein wenig Zeit nimmt, kann Nudeln selbst machen und den Thymian in die Nudelmasse einarbeiten, zum Beispiel wie auf unserem Bild als Spätzle.

Spargel-Spinat-Quiche

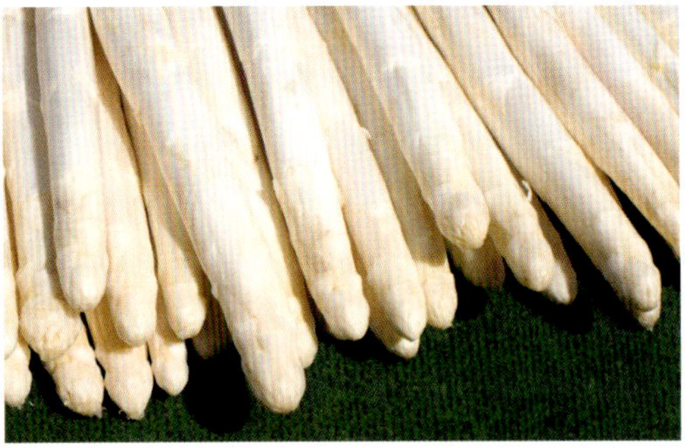

Spargelgemüse, Spargelsuppe, Spargelrisotto, Spargelsalat, Spargel mit Sauce Hollandaise: Spargelrezepte gibt es gleich dutzendweise, meist von klassisch bis langweilig. Wir haben uns die Tristesse erspart und das köstliche, gesunde Stangengemüse in einer herzhaften Quiche verpackt.

Je 500 g weißer und grüner Spargel
1 Bund Basilikum
2 Hand voll frischer Spinat
4 Eier
6–7 getrocknete Tomaten in Öl
100 g Sahne
50 g Frischkäse (z. B. Philadelphia)
50 g Schafskäse
175 g Mehl
110 g kalte Butter
je 1 Prise Zucker und Muskat
Salz und Pfeffer nach Geschmack

Unser Tipp:
Dazu passt am besten ein frischer grüner Salat. Wer die Spargelzeit verpasst hat, kann den Spargel durch Zucchini ersetzen. Diese in Würfel schneiden, mit Knoblauch und Olivenöl anbraten und auf dem Teig verteilen. Übrigens: Die Quiche schmeckt auch kalt sehr gut!

Und so wird's gemacht: Basilikum und Spinat abbrausen. Basilikumblätter abzupfen, eine Hälfte grob hacken, die andere möglichst fein. Eventuell Wurzeln am Spinat entfernen, die Blätter grob hacken.

Mehl in eine Schüssel sieben, 100 g Butter mit einem Teelöffel in kleinen Flöckchen dazugeben, 1 Ei, 1 Prise Salz und fein gehacktes Basilikum zugeben. Gut miteinander verkneten. Zu einer Kugel formen, in Frischhaltefolie wickeln und 1 Stunde im Kühlschrank ruhen lassen.

Spargel waschen und holzige Enden abschneiden. Den weißen ganz, den grünen nur im unteren Viertel schälen. Spargel in 2 bis 3 cm breite Stücke schneiden. Wasser mit einer Prise Zucker und ein wenig Butter zum Kochen bringen. Weißen Spargel darin 15 bis 20 Minuten bissfest garen, grünen Spargel nach 10 Minuten hinzugeben.

Backofen auf 190 °C (Ober- und Unterhitze) vorheizen. Tomaten abtropfen lassen und in kleine Stücke schneiden. Schafskäse zerbröseln und mit Tomaten, 3 Eiern, süßer Sahne, Frischkäse und restlichem Basilikum in eine hohe Schüssel geben. Mit Muskat, Salz und Pfeffer würzen und zu einer geschmeidigen Masse verrühren.
Teig auf einer bemehlten Fläche kreisrund ausrollen und in eine runde, feuerfeste Form legen. An den Seiten einen etwa 2 cm hohen Teigrand formen. Teigboden mit einer Gabel gleichmäßig einstechen.

Spargel abgießen und gleichmäßig auf dem Teig verteilen. Die Ei-Käse-Masse darübergeben. Im Ofen auf der unteren Schiene etwa 30 bis 40 Minuten schnittfest backen.

Fladenbrotpizza „Wünsch Dir was“

Auf Wochenmärkten kann man nicht nur seine Kücheneinkäufe erledigen, sondern auch nach Lust und Laune fleischlos schlemmen: knackige Frühlingsrollen, herzhafter Kuchen vom Blech oder ofenfrische Fladenbrotpizza mit Belag nach Wahl. Die gibt's auf dem Offenbacher Markt am Stand von Bozkurt. Wer wie wir dieser knusprig-würzigen Pizza-Variante verfallen ist, kann sie ganz leicht auch zuhause zubereiten.

1–2 Stängel Rosmarin
2–3 Tomaten
1 Paprika
1 Zwiebel
1 Knoblauchzehe
1 Hand voll braune Champignons
1–2 Fladenbrote
1 Hand voll getrocknete Tomaten in Öl
250 g Schafskäse
1–2 Prisen Pul Biber (türkische Würzmischung aus mildem und scharfen Paprika und Salz), ersatzweise scharfes Paprikapulver
250 g Frischkäse
Salz und Pfeffer nach Geschmack
für Mitesser mit Fleischlust: gewürfelter Speck oder Schinken, Salami oder geschälte Gambas

Und so geht's: Ofen auf 180 °C (Ober- und Unterhitze) vorheizen. Gemüse waschen, Paprika entkernen, Pilze trocken putzen. Gemüse in feine Scheiben schneiden. Zwiebel und Knoblauch schälen und fein würfeln. Rosmarin abbrausen, Nadeln abzupfen und fein hacken.

Die Tomaten in kleine Stücke schneiden, mit dem Frischkäse in eine Schüssel geben, das Öl hinzugießen und verrühren. Mit Pul Biber, Salz und Pfeffer würzen, nochmals verrühren, dann auf die Fladenbrote streichen.

Gemüse darauf verteilen, mit Rosmarin und zerbröseltem Schafskäse bestreuen. Ein paar Tropfen Olivenöl darübergeben und auf mittlerer Schiene 15 bis 20 Minuten backen.

Unser Tipp:
Unsere Fladenbrotpizza ist ein schnelles und preiswertes Essen für die ganze Familie. Am besten alle Zutaten auf den Küchentisch stellen. So kann jeder „sein“ Brot mit seinen Lieblingszutaten belegen. Das kommt auch gut auf Kindergeburtstagen an.

Pasta mit himmlischem Tomaten-Sugo

Intensiver und aromatischer kann eine Tomatensoße einfach nicht schmecken. Dieses Gericht besteht ausschließlich aus Tomaten, einem Stück Zwiebel und etwas Knoblauch, Pfeffer und Salz – und sonst gar nichts. Schlicht und einfach, aber umso köstlicher ist unser vegetarisches Lieblings-Pastarezept. Und das Gute: Auch wenn Sie beim Kochen zwei linke Hände haben oder Topfhandschuhe tragen sollten, gelingt dieses Gericht!

1–2 kg Aroma-Tomaten
1 Zweig Oregano
1 Zweig Basilikum oder Rosmarin,
1 Zwiebel
2–3 Knoblauchzehen
1 Hand voll frisch geriebener Parmesan
pro Person ca. 120 g Nudeln
(Spaghetti oder Makkaroni)
½ Gemüsebrühwürfel
oder 1 EL von Annes Gemüse-Instant
3–4 EL Olivenöl
evtl. 1 Glas kräftiger Rotwein (z. B. Barolo)
Salz und Pfeffer nach Geschmack

Und so geht's: Zwiebeln und Knoblauch schälen und grob würfeln. Tomaten waschen und Fruchtansatz herausschneiden, das ist die kleine grüne „Delle" in der Mitte. Tomaten vierteln. Oregano und Basilikum abbrausen und Blättchen abzupfen.

Gemüsebrühwürfel in 125 ml kochendem Wasser auflösen. Olivenöl in einem hohen Topf erhitzen, Zwiebeln und Knoblauch darin andünsten. Oregano zugeben, kurz mitdünsten lassen. Tomaten und Gemüsebrühe zugeben und verrühren. Mit Salz und Pfeffer abschmecken. Wer mag, kann Rotwein hinzugeben.

Mindestens 1 Stunde, besser 4 bis 5 Stunden bei kleiner Flamme einkochen lassen, dabei regelmäßig umrühren. Am Ende nochmal mit Salz und Pfeffer abschmecken.

Parmesan hobeln und in ein Schüsselchen geben. Die Nudeln in Salzwasser „al dente" garen, abgießen. Auf tiefe Teller verteilen, einen Klecks Sugo darübergeben, mit Parmesan bestreuen und mit Basilikum-Blättchen oder Rosmarin-Zweig dekorieren.

Unser Tipp:
Von Mai bis September sind Tomaten aus der Region zu haben – herrlich aromatisch und sehr preiswert. Es lohnt sich, gleich mehrere Kilo Tomaten zu Sugo zu verarbeiten und portionsweise einzufrieren.

Auberginen-Tomaten-Auflauf

Dieses Rezept ist die „abgespeckte“ Variante des griechischen Moussaka. Hier haben wir auf die gehaltvolle Béchamelsauce und das Hackfleisch verzichtet. Dafür sorgen Semmelbrösel, Feta-Käse und gereifter Gouda für eine herzhafte Würze.

3 Auberginen
5 Fleischtomaten
3–4 fest kochende Kartoffeln (z. B. Marabel)
2 Zwiebeln
2 Stängel Thymian
3 Knoblauchzehen
100 g geriebener mittelalter Gouda
100 g Feta-Käse
6 EL Schmand oder saure Sahne
evtl. 125 ml fettarme Milch
4 EL Olivenöl
1 Prise Muskat
Salz und Pfeffer nach Geschmack

Unser Tipp:
Ein ideales Familien-Essen! Wer auf eine „Extra-Wurst“ besteht, bekommt eine eigene Auflaufform mit Hackfleischschicht. In diesem Fall etwas Tomatensauce abzweigen, Hack darin mitgaren.

Und so geht's: Backofen auf 180 °C (Ober- und Unterhitze) vorheizen.

Thymian waschen, die Blättchen abzupfen und klein schneiden. Tomaten abbrausen, 1 Tomate in Scheiben schneiden. Die restlichen Tomaten kreuzweise einschneiden, ein bis zwei Minuten in kochendes Wasser legen. Danach häuten und Fruchtfleisch klein schneiden. Zwiebeln und Knoblauch schälen und fein würfeln. In einem Topf mit 3 EL Olivenöl glasig anbraten, dann die Tomaten hinzugeben. Mit Thymian, Salz und Pfeffer würzen. Etwa 20 Minuten einkochen lassen.

Auberginen waschen, Stielansatz entfernen und längs in dünne Scheiben schneiden. Backblech mit Backpapier auslegen, Auberginen darauflegen und mit Öl bestreichen. Auf mittlerer Schiene etwa 15 Minuten garen.

Schmand mit Muskat, Pfeffer und Salz würzen, eventuell mit Milch verdünnen. Kartoffeln schälen und in dünne Scheiben schneiden. Fetakäse zerbröseln, Gouda raspeln. Auberginen aus dem Ofen nehmen, kurz abkühlen lassen.

Eine Auflaufform mit Öl ausreiben. Darin 1 Schicht Kartoffeln verteilen und mit Schmand bedecken. Danach Auberginen einschichten, reichlich Tomatensauce daraufstreichen, mit Feta bestreuen und mit Tomatenscheiben belegen. So lange weiter schichten, bis alles aufgebraucht ist.

Die letzte Schicht mit einigen Tomatenscheiben belegen und Gouda darüberstreuen. Auf mittlerer Schiene etwa 45 Minuten überbacken.

Frankfurter Grüne Soße „classic"

Auch die „Grie Soß" darf in unserem Kochbuch nicht fehlen. Frischer als auf dem Offenbacher Wochenmarkt ist sie wohl nirgends zu haben. Noch nicht einmal in der Frankfurter Kleinmarkthalle. Denn vom Frankfurter Stadtteil Oberrad, wo die traditionellen Kräuter schon seit Generationen angebaut werden, ist es nur ein Katzensprung nach Offenbach. Dort verkaufen Heidi, Anne und die anderen Standkollegen natürlich nur das Oberräder Original mit den 7 Kräutern.
Damit sich an der Zahl und Zusammensetzung nichts ändert und sie nicht durch lieblos geschnürte Kräuterbündel aus Übersee und Osteuropa kopiert werden können, haben Oberräder Gärtner den „Verein zum Schutz der Frankfurter Grünen Soße" gegründet. Damit bleibt das Lieblingsmahl des berühmten Frankfurter Dichters Johann Wolfgang von Goethe auch international gewahrt.

Folgende Zutaten braucht man für die typische „Frankfurter Grüne Soße":

1 Päckchen „Frankfurter Grüne Soße"
4 Eier und 2 pro Person als Beilage
500 g halbmehlig kochende Kartoffeln
(z. B. Anouschka) als Beilage
1 EL Weißweinessig
2 EL Öl
¼ L Schmand oder saure Sahne
150 g Joghurt
Salz und Pfeffer nach Geschmack

Und so wird's gemacht: 4 Eier hart kochen. Alle Kräuter verlesen, gründlich waschen und abtropfen lassen. Mit einer Kräuterwiege fein hacken oder durch einen Fleischwolf drehen.

In einer Schüssel mit Essig, Öl, Schmand und Joghurt verrühren. Mit Salz und Pfeffer abschmecken. Hart gekochte Eier schälen, fein hacken und unter die Kräutersoße heben.

Danach abgedeckt mindestens 1 Stunde im Kühlschrank durchziehen lassen. Vor dem Servieren noch mal umrühren und abschmecken. Zur Grünen Soße schmecken am besten hart gekochte Eier und Salzkartoffeln (diese ½ Stunde vor dem Essen zubereiten).

Unser Tipp:
Zusätzlich noch einen TL Senf unter die Grüne Soße mischen und den Joghurt durch griechischen Sahnejoghurt ersetzen. Das ist cremiger und kräftiger im Geschmack.

Wenn's um die Wurst geht, ist man auf dem Markt genau richtig. Dort findet sich nicht nur ein, sondern mindestens ein halbes Dutzend Anbieter aus der Region: von der traditionellen Landmetzgerei über den Bio-Metzger bis zu Direktvermarktern, die sich auf Wild, Pferdewurst oder Fleisch mit Halal-Zertifikat spezialisiert haben. Eine frischere und vielfältigere Auswahl gibt's im größten Supermarkt nicht. Klar, dass wir die Zutaten für dieses Kapitel bei Markt-Metzgern besorgt haben. Hier und da fiel auch eine kleine Extrawurst ab – und manch guter Tipp: zum Beispiel die Schweinebäckchen. Übrigens lohnt es sich auch für Vegetarier, in diesem Kapitel zu stöbern. Denn viele der Rezepte lassen sich auch ohne Fleisch zubereiten. Schauen Sie einfach mal in unsere Tipps!

Lamm, Rind- & Borstenvieh

Rosmarin-Bratwurst mit Kirschtomaten

Bratwurst im Ofen statt auf dem Rost. Eine blitzschnelle Grillvariante ist perfekt an Regentagen, im Winter oder einfach für immer. Denn dieses Gericht hat Suchtfaktor, finden wir: Die würzige Bratwurst ergänzt sich wunderbar mit der fruchtigen Säure der Tomaten. Frischer Rosmarin und Balsamessig sorgen für den kulinarischen Kick. Und mit frischem Baguette als Beilage sehen die Teller hinterher aus wie frisch gespült.

4–8 grobe, lange und dünne Bratwürste
2–3 Rosmarinzweige
1 kg Kirschtomaten, Mini-Strauch- oder -Eiertomaten
6–8 EL Aceto Balsamico
5 EL Olivenöl
Fleur de Sel und frisch gemahlener Pfeffer

Und so geht's: Ofen auf 190 °C (Umluft) vorheizen. Rosmarinzweige waschen und halbieren, von der Hälfte der Stängel die Nadeln abzupfen und klein hacken. Tomaten waschen und trocknen. So viele Tomaten in eine feuerfeste Form geben, dass der Boden bedeckt ist.

Tomaten mit Salz und Pfeffer würzen, gehackten Rosmarin darüberstreuen, mit Essig und Öl begießen. Die Bratwürste mit einer Gabel mehrmals einstechen und auf die Tomaten legen. Mit Rosmarinzweigen bedecken, den restlichen Essig und das Öl darübergießen.

Auf der mittleren Schiene etwa 30 bis 40 Minuten backen. Nach der Hälfte der Garzeit Grillfunktion zuschalten. Mit frischem Baguette oder Kartoffelbrei servieren.

Unser Tipp:
Variieren Sie das Rezept mit Lammbratwürsten oder Wurst mit Bärlauch- oder Fenchel-Gewürz.

Lammfilet auf Salatbett

Dieses Gericht ist „lowcarb“ pur: Es enthält wenig Kohlehydrate, aber viele Proteine und Vitamine. Ein perfektes Gericht für die schlanke Linie und ideal als kalorienarmes Abendessen. Vorausgesetzt, man(n) verzichtet auf das Glas Bier dazu.

Je ½ Bund Thymian und Rosmarin
1 grüner Salat
1 Hand voll Kirschtomaten
1 Zwiebel
1 Bio-Zitrone
1 Knoblauchzehe
1 Lammfilet (300–400 g)
3 EL Feigensenf
½ getrocknete Peperoni
2 El Balsamessig
8 EL Olivenöl
1 Prise Zucker
Fleur de Sel und bunter Pfeffer

Und so geht's: Knoblauchzehe schälen und fein würfeln. Thymian trocken tupfen und die Hälfte der Blättchen klein schneiden. Fleur de Sel mit buntem Pfeffer in einem Mörser zerkleinern. Peperoni entkernen und fein schneiden. In einer kleinen Schüssel 2 EL Olivenöl mit Feigensenf verrühren, Thymian, Peperoni, Knoblauch und Pfeffermischung zugeben.

Lammfilet kurz abbrausen, mit Küchenkrepp trocken tupfen und in einen tiefen Teller legen. Mit der Marinade einreiben und abgedeckt im Kühlschrank marinieren lassen. Am besten über Nacht, mindestens aber 2 Stunden.

In einer Bratpfanne Sonnenblumenöl erhitzen und Lammfilet von beiden Seiten 4 bis 5 Minuten kräftig anbraten. Dann in Alufolie legen, gut verschließen und bis zum Verzehr mit einem Küchenhandtuch umwickeln. So gart das Fleisch schonend nach und bleibt warm.

Tomaten waschen und halbieren. Zwiebel schälen, fein würfeln, mit Balsamessig, Zucker, Salz und Pfeffer abschmecken. Restliche Thymianblättchen hinzugeben. Salat waschen (siehe dort), in eine Schüssel geben und mit Salatsauce vermischen. Kurz vor dem Servieren 2 EL Öl zugeben.

Salat auf Teller verteilen, mit Tomaten dekorieren. Filet aus der Pfanne nehmen, in Scheiben schneiden und auf dem Salat verteilen. Nach Geschmack mit Salz und Pfeffer nachwürzen.

Unser Tipp:
Wenn das Fleisch schneller auf dem Tisch sein soll, sind Lammkoteletts perfekt. Wer kein Lamm mag, kann auch Schweine- oder Kalbslende marinieren.

Kasseler nach „Maabär-Art“

„Wann aach en Handkäs kaa Maabär iss, so hawwe doch die zwaa ebbes gemeinsam. Sie dufte“, behaupteten die Offenbacher von „ihrem Maabär“. Der war ein zotteliger Kerl, der um die Jahrhundertwende als Obdachloser unter der Mainbrücke von Offenbach nach Frankfurt-Fechenheim hauste. Gegen ein Almosen griff der kräftige Mann den Flößern unter die Arme und soll auch manchen Offenbacher vor dem Ertrinken gerettet haben, obwohl der Maabär wasserscheu war und sich deshalb auch nie wusch. Das Handkäs-Kassler ist unsere Hommage an das Offenbacher Original.

6 Handkäse vom Wochenmarkt
3 Lorbeerblätter
4 Scheiben Kasseler oder Kasselerkamm, ca. 2 cm dick
1 Zwiebel
3 Lorbeerblätter
4 Wacholderbeeren
1 Beutel Sauerkraut (ca. 250 g)
8 Zahnstocher
250 ml Apfelwein
Salz und Pfeffer nach Geschmack

Und so geht's: Backofen auf 180 °C (Ober- und Unterhitze) vorheizen. Zahnstocher in Wasser einlegen. Kasslerscheiben mit einem scharfen Messer quer einschneiden, die „Taschen“ mit Handkäse füllen und mit Zahnstochern verschließen. Mit Salz und Pfeffer würzen.

Zwiebel schälen, fein schneiden und in Olivenöl glasig werden lassen. Sauerkraut mit der Hälfte des Wacholders und der Lorbeerblätter vermengen. ½ Glas Apfelwein angießen und etwa 10 Minuten leicht köcheln lassen.

Den Boden einer feuerfesten Form mit Sauerkraut auslegen. Dann abwechselnd gefüllte Kasselerscheiben und Handkäse nebeneinandersetzen. Restlichen Lorbeer und Wacholder dazwischenstecken, mit dem restlichen Apfelwein übergießen und 1 Prise Pfeffer würzen. Auf mittlerer Schiene etwa 20 bis 30 Minuten im Ofen überbacken lassen.

Unser Tipp:
Zu unserer unkonventionellen Variante von „Kasseler mit Sauerkraut“ schmeckt am besten frisches Bauernbrot. Sauerkraut, fix und fertig vorbereitet, gibt's am Stand vom Sauerkraut Fuchs.

Chicorée im Schinkenmantel

Der leicht zu putzende Chicorée mit seinem feinherben Geschmack, reichlich Pro-Vitamin A, Vitamin B1, B2 und C eignet sich bestens zum Überbacken. Mit gekochtem Schinken umwickelt und Käse überbacken wird eine gesunde, kalorienarme Mahlzeit daraus.

4 Chicorées
1 rote Paprika
3 Stängel Dill
1 Bio-Zitrone
8 Scheiben gekochter Metzger-Schinken
100 g Schmand
100 g mittelalter Gouda-Käse
3 EL Butter
Salz und Pfeffer nach Geschmack

Und so geht's: Backofen auf 180 °C (Ober- und Unterhitze) vorheizen. Chicorée gut abwaschen, längs halbieren. In einem flachen Kochtopf mit etwas Wasser, Zitronensaft und Salz bei geschlossenem Deckel etwa 10 Minuten sanft garen lassen. So werden die Bitterstoffe schonend entzogen.

Derweil Paprika waschen, entkernen und in kleine Würfel schneiden. Dill waschen und fein schneiden. 2 EL Butter und Paprika in eine Pfanne geben und 3 bis 4 Minuten andünsten. Schmand einrühren, mit Dill, Salz und Pfeffer abschmecken.

Chicorée vorsichtig aus dem Topf heben, abtropfen lassen und mit der Schnittfläche nach unten in einer feuerfeste, gebutterte Auflaufform legen. Mit Paprika bestreuen und mit Schinken umwickeln. Gouda reiben und gleichmäßig über dem Schinken verteilen. Im Ofen auf mittlerer Schiene 20 bis 30 Minuten überbacken.

Unser Tipp:
Dieses Rezept schmeckt auch vegetarisch köstlich. In diesem Fall erst eine Hand voll Semmelbrösel oder geröstete Mandelblättchen mit Schmand vermischt über den Chicorée geben, dann den Käse.

Schweinebäckchen mit Möhrchen und Kartoffelbrei

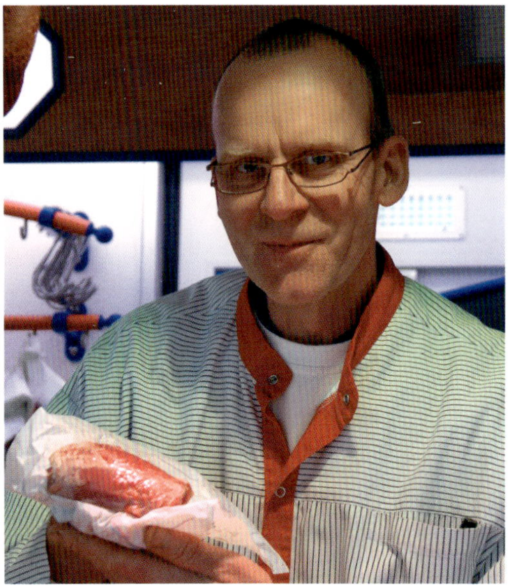

Weil ihr Fleisch kaum Fett enthält, nennt man sie auch „Magerbäckle". Uns haben die Bäckchen so gut geschmeckt, dass wir den fast vergessenen Teil vom Schwein zum kulinarischen Trend erklären!

3–4 mehlig kochende Kartoffeln
4 Möhren
1 Zwiebel
3 Stängel Thymian
2–3 Knoblauchzehen
8–10 Schweinebäckchen
½ Gemüsebrühwürfel
oder 1 EL von Annes Gemüse-Instant
etwa 250 ml fettarme Milch
3–4 EL Tomatenmark
¼ L Rotwein
4 EL Sonnenblumenöl und 4 EL Butter
1 Prise Muskat
Meersalz und Pfeffer nach Geschmack

Zwiebel und Knoblauch schälen und fein würfeln. Thymianstängel abbrausen. Schweinebäckchen mit Küchenkrepp trocken tupfen. Öl in einem Bräter erhitzen und die Bäckchen von allen Seiten 3 bis 4 Minuten anbraten. Dann herausnehmen und abgedeckt zur Seite stellen.

Gemüsebrühwürfel in ¼ Liter kochendem Wasser auflösen. Zwiebel, Knoblauch, Thymianstängel und Tomatenmark in den Bräter geben, mit Gemüsebrühe und Rotwein ablöschen. Kräftig mit Salz und Pfeffer würzen. Bäckchen wieder in die Sauce legen und bei schwacher Hitze 30 bis 40 Minuten sanft schmoren lassen.

In der Zwischenzeit Kartoffeln schälen, in Scheiben schneiden und in Salzwasser gar kochen. Karotten schälen, in dünne Scheiben schneiden – so werden sie schneller gar. Mit ein wenig Wasser und 1 EL Butter in einen Topf geben und bissfest garen. Anschließend mit Salz abschmecken.

Kartoffeln abseihen, mit der restlichen Butter, 1 Prise Muskat und Milch mit einem Kartoffelstampfer zerdrücken. Nach Geschmack Salz zugeben.

Schweinebäckchen mit Sauce, Karotten und Kartoffelpüree auf Tellern anrichten und servieren. Dazu passt am besten ein Glas Bier.

Unser Tipp:
Nicht jeder Metzger hat Schweinebäckchen im täglichen Angebot. Deshalb am besten vorbestellen und gleich die Sehnen herausschneiden (parieren) lassen. Die Bäckchen gibt's auch gesalzen. So schmecken sie hervorragend zu Sauerkraut.

Rosenkohl mit Kasseler

Rosenkohl ist eine der meist unterschätzten Gemüsearten des Winters. Der bittere Geschmack der kleinen Röschen ist bei vielen kleinen und großen Essern nicht gerade beliebt. Doch sie stecken voller Vitamine und sind das optimale „Powergemüse" für die kalte, nasse Winterzeit. Denn Rosenkohl enthält doppelt so viel Vitamin C wie die gleiche Menge Orangen und stärkt das Immunsystem. Klar, jede gute (Gemüse-)Medizin kann nicht wirken, wenn man sie nicht nimmt, weil sie nicht schmeckt. Dann probieren Sie mal unser Rezept!

500 g frischer Rosenkohl
4 dicke Scheiben rohes Kasseler, ohne Knochen
1 Ei
150 g Gouda-Käse
100 ml Sahne
1 Prise Muskat
1 EL Butter
Salz und Pfeffer nach Geschmack

Und so geht´s; Backofen auf 175 °C (Ober- und Unterhitze) vorheizen. Rosenkohl putzen, waschen und in kochendem Salzwasser etwa 15 Minuten garen. Dann abgießen. Achtung: Rosenkohl verfärbt sich nach dem Kochen leicht gelblich.

Kasseler in Würfel schneiden, Gouda reiben. Sahne mit Ei verquirlen und Gouda hinzugeben. Mit Muskat, Salz und Pfeffer abschmecken.

Eine runde Auflaufform ausbuttern, Kasseler und Rosenkohl darin verteilen und die Sahnemasse darübergießen. Auf der mittleren Schiene etwa 15 bis 20 Minuten überbacken.

Unser Tipp:
Als Gemüsevariante schmecken auch Blumenkohl oder Brokkoli köstlich. Dann reicht jedoch eine Backzeit von nur 8 bis 10 Minuten.

Ausgestopftes Marktgemüse

Das ist die moderne Marktvariante von gefüllten Paprikaschoten. Hier haben wir Gemüse der Saison längs aufgeschnitten und mit einer improvisierten Mischung aus Hackfleisch, Feta und frischen Kräutern gefüllt. Dieses unkomplizierte Gericht ist preiswert, macht sich fast von selbst und schmeckt auch Kindern gut.

1 Aubergine
1 Zucchini
1 Paprika oder anderes Gemüse nach Wahl
1 Hand voll Kirschtomaten
1 große Zwiebel
4–5 Schalotten
2–3 Knoblauchzehen
½ Strauß krause Petersilie
1 Bio-Zitrone
1 Ei
500 g gemischtes Hackfleisch
2 EL Semmelbrösel
100 g Feta-Käse
3 EL Olivenöl
Salz und Pfeffer nach Geschmack

Den Backofen auf 180 °C (Ober- und Unterhitze) vorheizen. Aubergine, Zucchini und Paprika waschen, längs aufschneiden und aushöhlen. Dann rundum mit Öl einstreichen. Zwiebel und Knoblauch schälen und fein schneiden. Schalotte schälen und im Ganzen lassen. Kirschtomaten und Petersilie waschen, Kräuter fein hacken.

Hackfleisch mit Ei, Semmelbröseln, Zwiebel, Knoblauch, der Hälfte der Petersilie vermischen. Mit Salz und Pfeffer abschmecken, Feta hineinbröseln und nochmal gut vermengen. Dann in die Gemüsehälften füllen. Eine Auflaufform mit Öl bestreichen und die Gemüsehälften hineinsetzen. Schalotten, Knoblauch, Tomaten und klein geschnittene Reste des ausgehöhlten Gemüses zugeben. Mit der restlichen Petersilie bestreuen und Öl beträufeln. Etwa 30 bis 40 Minuten auf dem mittleren Rost backen lassen.

Unser Tipp:
Schmorgurken, Kohlrabi, Spitzpaprika und anderes Saisongemüse schmecken ebenso köstlich. Fleischlos geht's natürlich auch. Dann mal Oliven, Pinienkerne, getrocknete Tomaten oder verschiedene Käsesorten probieren: Gruyere (Greyerzer) macht die Füllung herzhafter, Ricotta dagegen feiner.

Rindsrouladen wie bei Muttern

Steht dieser kulinarische „Oldie" im Lokal auf der Speisekarte, findet er rasenden Absatz. Schade nur, dass dieser Klassiker zuhause meist nur noch selten zubereitet wird. Schwierig war es nicht, aber ein wenig Arbeit hat's schon gemacht. Doch je mehr Rouladen im Topf schmoren, desto besser schmeckt die Hausmannskost. Also haben wir gleich ein halbes Dutzend Rindsrouladen zubereitet. Wohl wissend, dass Annes Ehemann für ihre saftig-herzhaften Rouladen fast alles machen würde – sogar den Abwasch.

1 Bund Suppengrün
2 große Zwiebeln
4 Gewürzgurken
4–6 Rindsrouladen
10–12 dünne Scheiben Dörrfleisch
2 Lorbeerblätter
2 Nelken
2 EL von Annes Gemüse-Instant
oder 1 Gemüsebrühwürfel
4 EL Tomatenmark
¼ L Rotwein
4 EL Senf
4 EL Butterschmalz
3 EL Olivenöl
1 EL Pimentkörner
1 EL grobes Meersalz
12–14 Zahnstocher, ersatzweise
Küchengarn oder Metallspieße
Salz und Pfeffer nach Geschmack

Unser Tipp:
Falls etwas im Bräterboden ankrustet, macht das gar nichts. Einfach mit einem Holzlöffel abschaben und gut mit der Bratensoße verrühren. Zu den Rindsrouladen passen am besten Blumenkohl und Kartoffelbrei.

Und so geht's: Suppengrün säubern und in kleine Stücke schneiden. Zwiebeln schälen, halbieren. Davon ¾ in Ringe schneiden. Das andere Viertel fein würfeln. Gurken längs in Streifen schneiden. Zahnstocher in Wasser einlegen. Brühwürfel in ¼ Liter kochendem Wasser auflösen.
Rouladen auf einem großen Brett auslegen, von beiden Seiten pfeffern und salzen. Jede Roulade mit Senf bestreichen, längs mit 2 bis 3 Dörrfleischschieben belegen, danach mit Gurken und Zwiebeln.
Die Rouladen aufrollen und mit Zahnstochern feststecken.
Butterschmalz in einem großen Bräter erhitzen. Rouladen darin von allen Seiten kräftig anbraten. Danach aus dem Bräter nehmen und abgedeckt zur Seite stellen. Öl in den Bräter geben, Zwiebeln anbraten. Suppengrün, Tomatenmark, Lorbeerblatt, Nelken, Meersalz und Piment zugeben. 3 bis 4 Minuten mitdünsten, dann mit Wein ablöschen.

Mit einem Holzlöffel gut verrühren und 5 Minuten einköcheln lassen. Die Brühe einfüllen, gut verrühren und Rouladen wieder in den Topf geben. Die Rouladen sollten mindestens halbhoch mit Soße bedeckt sein. Ansonsten noch Wein nachfüllen. Rouladen bei geschlossenem Deckel und mittlerer Hitze 50 bis 60 Minuten schmoren lassen. Das geht übrigens auch im Backofen, die Garzeit beträgt dann bei 150 °C etwa 40 Minuten. Währenddessen Rouladen einige Male wenden.
Rouladen herausnehmen, abdecken und im Ofen bei 50 °C warm halten. Bratensaft durch ein Sieb gießen und in einem kleinen Topf auffangen. Die Soße nach Geschmack mit Salz und Pfeffer nachwürzen, dann pürieren. Dadurch dickt sie ohne weitere Zusätze an.

Die meisten Geflügelsorten sind sehr mager, gut bekömmlich und enthalten viel Eiweiß. Ideale Sattmacher für kalorienbewusste Esser! Doch bei Geflügel spielen auch Herkunft und Qualität eine wichtige Rolle. Deshalb empfehlen wir, Pute, Gans, Truthahn, Ente, Brat- oder Suppenhuhn nicht aus der Kühltruhe im Supermarkt, sondern frisch auf dem Wochenmarkt zu kaufen. Hier kann man in der Regel sicher sein, dass das Federvieh nicht aus Massentierhaltung stammt. Marktgeflügel kommt aus kleinen, zertifizierten Zuchtbetrieben und Biohöfen. Dort kann es in natürlicher Umgebung und mit artgerechtem Futter in Freilandhaltung aufwachsen. Das macht sich auch in der Fleischqualität bemerkbar: Das Fleisch ist saftig, butterzart und schrumpft beim Braten nicht. Fragen Sie am Marktstand einfach mal nach der Herkunft und welches Geflügel sich wie am besten zubereiten lässt. Manchmal gibt's dazu pfiffige Rezepttipps, wie zum Beispiel unser Rhabarber-Hähnchen.

Übrigens sollte man Federvieh ebenso schnell verarbeiten wie frischen Fisch – am besten am selben Tag.

Federvieh

Auf dem Offenbacher Markt gibt's allerlei Federvieh: Suppen- und Brathuhn, Perlhuhn, Puter, Freilandhähne, Martinsgänse, Maishähnchen, Flugenten und verrückte Hühner mit Elektroroller.

Rhabarber-Hähnchen

Sein säuerlicher, leicht herber Geschmack macht den Rhabarber unverwechselbar. Er steckt voller Vitamine und Mineralstoffe und ist auf dem Wochenmarkt von April bis Ende Juni zu haben. In der Küche wird er meist als Kuchenbelag, zu Kompott oder Marmelade verarbeitet. Wir haben ihn mit herzhaftem Maishähnchen kombiniert, unserem Lieblingsrezept in diesem Kapitel. Es braucht ein wenig Zeit, doch die lohnt sich!

5–6 Stangen Rhabarber
1 saftige Limette
5–6 frische Datteln
1 Bund Minze
3 rote Zwiebeln
1 Knolle Knoblauch (junger od. rosa französischer)
4 (Mais-)Hähnchenschenkel
1 TL Kurkuma
1 Dose Safran (0,2 g)
2 Gläser Geflügelfond (je 400 ml)
4 EL Tomatenmark
4 EL Honig
4 EL Olivenöl
Pfeffer und Salz nach Geschmack

Rhabarberstangen abspülen, etwa 2 cm vom oberen und unteren Ende abschneiden. Den Rest in 2 bis 3 cm dicke Stücke schneiden. Zwiebeln schälen und in kleine Würfel schneiden. Knoblauch vierteln. Limette auspressen.

Hähnchenschenkel abbrausen, mit Küchenkrepp trocken tupfen und salzen. In einer Pfanne mit hohem Rand oder einem Bräter 3 EL Öl erhitzen, Hähnchen darin von allen Seiten goldbraun anbraten, dann herausnehmen. Das restliche Öl in die Pfanne gießen, darin erst einige Minuten Knoblauch und Zwiebeln andünsten, dann Pfeffer und Kurkuma zugeben und kurz mitdünsten.

Geflügelfond, Limettensaft, Honig, Safran und Tomatenmark hinzugeben, gut miteinander verrühren. Rhabarber und Hähnchen in die Sauce geben und die Zutaten 1 ½ Stunden bei milder Hitze ohne Deckel garen lassen.

Minze abbrausen, 2 Hand voll Blätter abzupfen und grob hacken. Datteln halbieren, entsteinen und in kleine Stücke schneiden. Etwa 15 Minuten vor Ende der Garzeit zum Rhabarber-Hähnchen geben und am Ende die Minze unterheben. Dazu am besten frisches Baguette servieren.

Unser Tipp:
Wer die Rhabarberzeit verpasst hat, kann auch frische, gehäutete Aprikosen verwenden. Datteln und Minze werden gegen geröstete Mandelblättchen, einen Schuss „Noilly Prat"-Wermut und ein wenig frischen Chili ausgetauscht.

Pute mit Bärlauchbauch

Ein schönes Stück Pustenbrust ist ideal zum Befüllen. Das verleiht dem saftigen Geflügelfleisch einen intensiveren Geschmack. Und wenn für Gäste gekocht wird, lässt sich das Fleisch dekorativ in Scheiben aufschneiden. Gefüllt werden kann das Putenfleisch mit allem, was schmeckt und nicht zu sehr verläuft beim Braten: Zum Beispiel Frischkäse, Ricotta, Emmentaler mit Schinken, Speck und Äpfel, Spinat und Schafskäse, Paprika-Quark oder Kräuter der Saison. Wir haben uns für eine würzige Bärlauchmischung entschieden.

4 Puten- oder Hühnerbrüstchen (je etwa 300 g)
1 Bund Bärlauch
1 Ei
125 g Frischkäse
2 EL Semmelbrösel
2–3 EL Olivenöl
4–6 Holzspieße
Salz und Pfeffer nach Geschmack

Und so geht's: Holzspieße in Wasser einweichen. Bärlauch waschen, Stängel abschneiden und Blätter fein hacken. In einem hohen Topf Frischkäse mit Bärlauch, Semmelbröseln und Ei vermischen. Mit Salz und Pfeffer abschmecken.

Backofen auf 175 °C (Ober- und Unterhitze) vorheizen. Puten- oder Hähnchenbrüstchen abbrausen und mit Küchenkrepp trocken tupfen. Von beiden Seiten mit Salz und Pfeffer würzen. Bei den Hühnerbrüstchen eine Tasche in das Fleisch schneiden. Dann die Bärlauchmasse einfüllen und die Taschen mit den Holzspießen fixieren.

Brüstchen in eine feuerfeste Form setzen, mit Olivenöl bestreichen und im Ofen etwa 15 bis 20 Minuten garen. Mit einem frischen grünen Salat servieren.

Unser Tipp:
Wer die Bärlauch-Zeit verpasst hat, kann die Puten- oder Hühnerbrust auch mit Rosmarin, Petersilie und Basilikum oder anderen frischen Kräutern füllen. Wer Rosmarin verwendet, kann die Stängel wie auf dem Bild als Spieße verwenden.

Hähnchen mit Zitronenhaut

Orangenhaut ist weithin erforscht. Zitronenhaut hingegen ist ein noch unbekanntes kosmetisches Phänomen, von dem bislang ausschließlich Hühnerbeine betroffen sind. Dieses kalorienarme, fruchtig-leichte und schnelle Gericht macht sich besonders gut nach einem heißen Sommertag.

4 Hähnchenschenkel
2 Bio-Zitronen
1 Knoblauchzehe
1 TL Honig
4 EL Olivenöl
Salz und Pfeffer nach Geschmack

Und so geht's: Zitronen heiß abwaschen und trocken reiben. Von einer halben Zitrone die Schale mit einem Zestenschneider oder einer Küchenreibe abhobeln. Dann den Saft der Zitrone auspressen. Die zweite Zitrone in Scheiben schneiden.

Knoblauch schälen und fein hacken. Zitronensaft, -zesten, Öl, Knoblauch und Honig zu einer Marinade verrühren. Mit Salz und Pfeffer abschmecken.

Hähnchenschenkel abbrausen, mit Küchenkrepp abtupfen und in eine feuerfeste Form legen. Schenkel mit ¾ der Marinade übergießen und etwa 15 bis 20 Minuten ruhen lassen.

Backofen auf 180 °C (Ober- und Unterhitze) vorheizen. Hähnchenschenkel mit Zitronenscheiben bedecken und der restlichen Marinade übergießen. Auf mittlerer Schiene etwa 15 bis 20 Minuten backen.

Unser Tipp:
Das Hähnchen mit Zitronenhaut ist feinstes Fastfood. Wer es noch ein wenig aromatischer mag, sollte in die etwas teureren Maishähnchen investieren.

Ebbelwoi-Hinkel

Dieses Rezept ist unsere Offenbacher Antwort auf den beschwipsten Gockel aus Frankreich, „Coq au Vin“. Je nach Mitessern lässt sich dieses Rezept ganz einfach mal zwei oder vier nehmen. In diesem Fall empfehlen wir ein ganzes Tier, am besten ein herzhaftes Mais-Hähnchen.

6–8 frische Hähnchenschenkel
1 Hand voll frische Perlzwiebeln, Schalotten oder Chipollini (italienische Mini-Zwiebeln)
4–5 fest kochende Kartoffeln
3–4 Knoblauchzehen
1 Schoppen Ebbelwoi (250 ml)
1 Geflügelbrühwürfel
2 EL Butter
2 EL Sonneblumenöl
Salz und Pfeffer nach Geschmack

Und so wird's gemacht: Kartoffeln schälen und grob würfeln. In einem Topf mit Wasser und einem ½ Gemüsebrühwürfel garen lassen.

Zwiebeln und Knoblauch schälen und vierteln. Brühwürfel in 125 ml heißem Wasser auflösen.

Hähnchenschenkel abbrausen, trocken tupfen und würzen. Butter und Öl in einer großen Pfanne erhitzen, darin die Schenkel von allen Seiten knusprig anbraten. Zwiebeln und Knoblauch kurz mitbraten lassen. Dann mit Ebbelwoi und Gemüsebrühe angießen und bei mittlerer Hitze etwa 20 Minuten schmoren lassen.

Kartoffelstücke abseihen, auf tiefe Teller verteilen und würzen. Je 1 bis 2 Hähnchenschenkel darauflegen und den Zwiebel-Ebbelwoi-Sud zugeben.

Unser Tipp:
Wenn der Sud zu schnell verkocht, ruhig mehr Ebbelwoi zugießen. Ist kein Hessenwein zur Hand, kann er durch einen trockenen Riesling ersetzt werden. Verfeinern lässt sich unser Rezept, wenn man gegarte Apfelstücke unter die Kartoffeln mischt.

Ricotta-Kräuter-Polletto

Marktküche international - dieses Rezept hat unser Buch-Fotograf Markus von einem Wochenmarkt aus Süditalien mitgebracht. Polletto, so heißt das Hähnchen in Italien, haben wir aber nicht nach dem Originalrezept im Ganzen zubereitet. Für unsere vereinfachte Variante haben wir saftige Brustfilets verwendet und mit der italienischen Frischkäse-Spezialität gefüllt.

4 Hähnchenbrustfilets (je 250–300 g)
250 g frischer Ricotta
1 Hand voll getrocknete Tomaten in Öl
1 Bund frischer Oregano
2 EL Pinienkerne
2–3 EL Olivenöl
Salz und Pfeffer nach Geschmack

Und so geht's: Backofen auf 180 °C (Ober- und Unterhitze) vorheizen. Pinienkerne in einer fettfreien Pfanne rösten, bis sie duften. Dann abkühlen lassen. 5 bis 6 Stängel Oregano abbrausen, trocken tupfen und Blättchen abzupfen.

Tomaten in einem Sieb abtropfen lassen, das Öl auffangen. Tomaten in kleine Stücke schneiden. Ricotta in eine Schüssel geben, mit Tomaten, Pinienkernen und Oregano verrühren. Mit Salz und Pfeffer abschmecken.

Hähnchenbrustfilets abbrausen und mit Küchenkrepp trocken tupfen. Rundum mit Salz und Pfeffer würzen. Mit einem scharfen Messer längs eine Tasche einschneiden. Die Ricotta-Masse einfüllen.

Eine feuerfeste Form mit Öl bestreichen, die Hähnchenbrustfilets hineinlegen und mit dem aufgefangenen Tomaten-Öl bestreichen. Im Ofen auf mittlerer Schiene etwa 15 bis 20 Minuten backen. Vor dem Servieren mit Oregano-Blättchen bestreuen.

Unser Tipp:
Dazu passen Tomaten-Reis und Kräuter-Schmand. Dazu einfach 5 EL Schmand mit frischen Kräutern, Salz und Pfeffer verrühren.

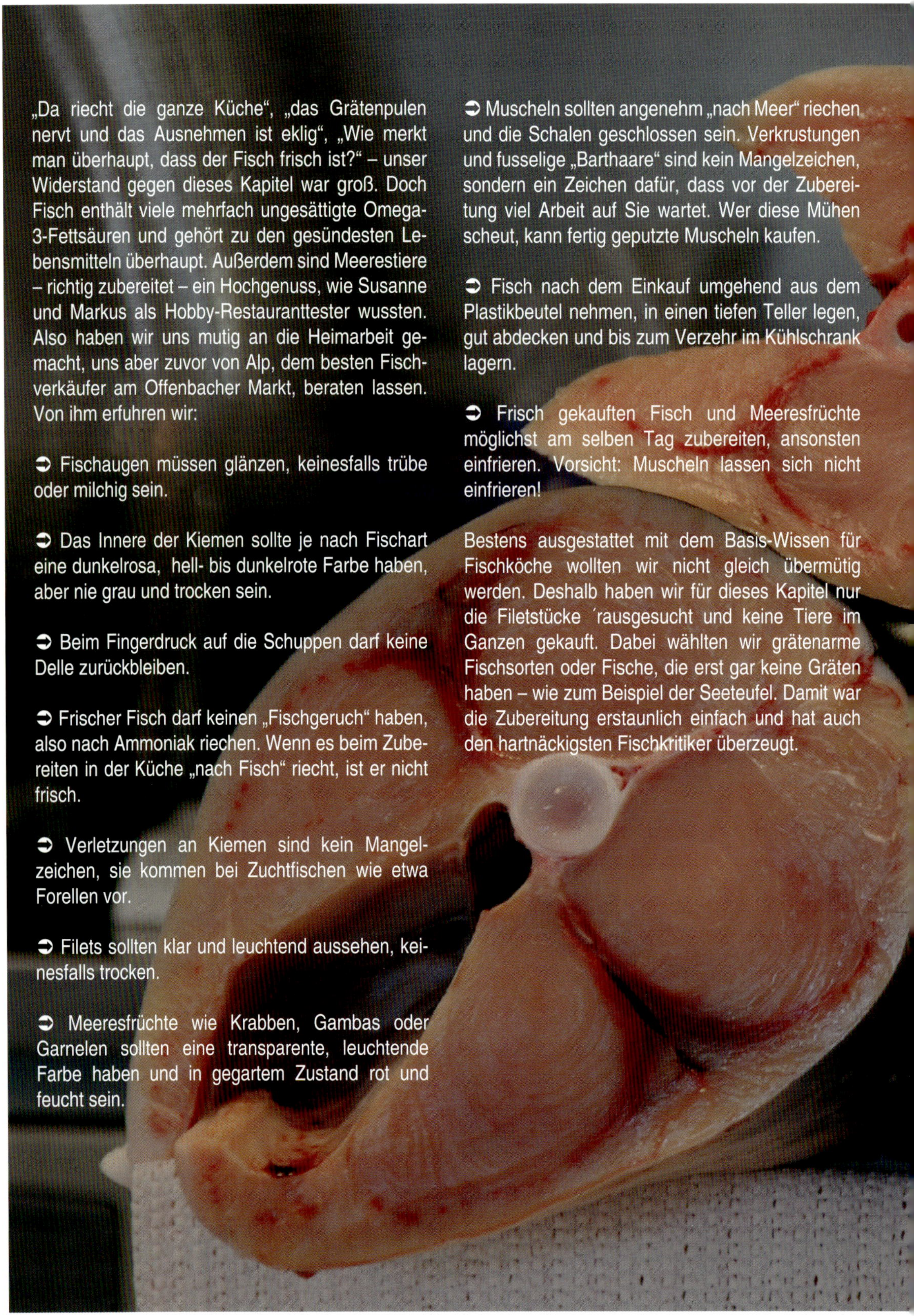

„Da riecht die ganze Küche“, „das Grätenpulen nervt und das Ausnehmen ist eklig“, „Wie merkt man überhaupt, dass der Fisch frisch ist?“ – unser Widerstand gegen dieses Kapitel war groß. Doch Fisch enthält viele mehrfach ungesättigte Omega-3-Fettsäuren und gehört zu den gesündesten Lebensmitteln überhaupt. Außerdem sind Meerestiere – richtig zubereitet – ein Hochgenuss, wie Susanne und Markus als Hobby-Restauranttester wussten. Also haben wir uns mutig an die Heimarbeit gemacht, uns aber zuvor von Alp, dem besten Fischverkäufer am Offenbacher Markt, beraten lassen. Von ihm erfuhren wir:

- Fischaugen müssen glänzen, keinesfalls trübe oder milchig sein.

- Das Innere der Kiemen sollte je nach Fischart eine dunkelrosa, hell- bis dunkelrote Farbe haben, aber nie grau und trocken sein.

- Beim Fingerdruck auf die Schuppen darf keine Delle zurückbleiben.

- Frischer Fisch darf keinen „Fischgeruch“ haben, also nach Ammoniak riechen. Wenn es beim Zubereiten in der Küche „nach Fisch“ riecht, ist er nicht frisch.

- Verletzungen an Kiemen sind kein Mangelzeichen, sie kommen bei Zuchtfischen wie etwa Forellen vor.

- Filets sollten klar und leuchtend aussehen, keinesfalls trocken.

- Meeresfrüchte wie Krabben, Gambas oder Garnelen sollten eine transparente, leuchtende Farbe haben und in gegartem Zustand rot und feucht sein.

- Muscheln sollten angenehm „nach Meer“ riechen und die Schalen geschlossen sein. Verkrustungen und fusselige „Barthaare“ sind kein Mangelzeichen, sondern ein Zeichen dafür, dass vor der Zubereitung viel Arbeit auf Sie wartet. Wer diese Mühen scheut, kann fertig geputzte Muscheln kaufen.

- Fisch nach dem Einkauf umgehend aus dem Plastikbeutel nehmen, in einen tiefen Teller legen, gut abdecken und bis zum Verzehr im Kühlschrank lagern.

- Frisch gekauften Fisch und Meeresfrüchte möglichst am selben Tag zubereiten, ansonsten einfrieren. Vorsicht: Muscheln lassen sich nicht einfrieren!

Bestens ausgestattet mit dem Basis-Wissen für Fischköche wollten wir nicht gleich übermütig werden. Deshalb haben wir für dieses Kapitel nur die Filetstücke ´rausgesucht und keine Tiere im Ganzen gekauft. Dabei wählten wir grätenarme Fischsorten oder Fische, die erst gar keine Gräten haben – wie zum Beispiel der Seeteufel. Damit war die Zubereitung erstaunlich einfach und hat auch den hartnäckigsten Fischkritiker überzeugt.

Fisch & Meeresfrüchte

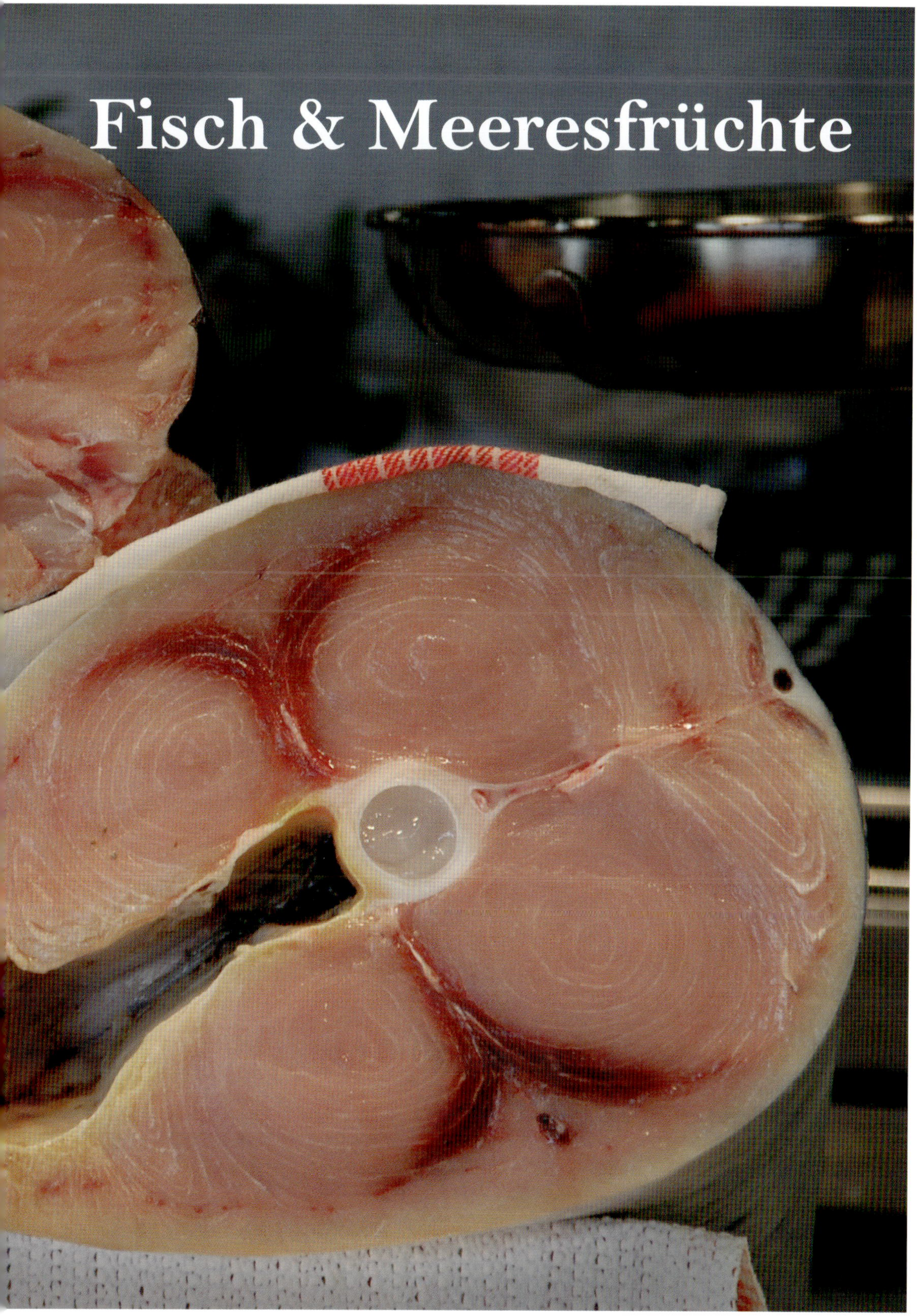

Ratatouille vom Blech mit Garnelen

Dieses unkomplizierte Rezept schmeckt nach einem milden Urlaubsabend in der Provence. Vielleicht ist es deshalb das Lieblingsgericht von Josef Zorn. Der Offenbacher Weinhändler liebt Frankreich und hat sich auf französische Weine spezialisiert. Seine Partnerin Petra, die wir oft beim Einkaufen auf dem Wochenmarkt treffen, hat das ursprünglich vegetarische Rezept eines Sternekochs vereinfacht und ihm das französische Flair verpasst.

2–3 rote Zwiebeln
Je 1 gelbe und rote Paprikaschote
500 g Cocktailtomaten (ersatzweise 3 normale)
2–3 Zucchini
1 kleine rote Chilischote
6 Knoblauchzehen (wer mag auch mehr)
2 Rosmarinzweige
2–3 Zweige Basilikum
8–12 rohe Garnelen, geschält und entdarmt für die bequemen Esser
Olivenöl
1 EL Aceto Balsamico
Meersalz und Fleur de Sel
frisch gemahlener Pfeffer

Und so geht's: Backofen auf 180 °C (Umluft) vorheizen. Zwiebeln schälen und achteln. Paprika waschen, entkernen und in etwa 1 cm schmale Streifen schneiden. Zucchini putzen, längs vierteln, dann in etwa 2 bis 3 cm kleine Würfel schneiden. Knoblauch schälen und grob hacken.

Alles in einer Schüssel mit Rosmarinnadeln, 3 EL Olivenöl, etwas Pfeffer und Meersalz mischen. Aufs Blech geben, 15 bis 20 Minuten im Ofen garen.

Cocktailtomaten waschen, halbieren, Stielansatz entfernen. Normale Tomaten je nach Größe vierteln oder achteln. Nach 15 bis 20 Minuten zum Gemüse geben und etwa 10 Minuten fertig garen.

Basilikum waschen, trocken schleudern und klein schneiden. Über das fertige Gemüse streuen, Olivenöl darüberträufeln, mit Balsamico besprühen oder beträufeln, mit Pfeffer und Fleur de Sel abschmecken.

Während dessen Knoblauch mit gehackter Chilischote im Olivenöl erwärmen und ziehen lassen. Achtung, der Knoblauch soll später nur glasig sein! Die Garnelen in den letzten 5 Minuten im Öl garen. (Garnelen mit Schale in den letzten 10 Minuten garen).

Petras Tipp:
Als Aperitif beim Kochen passt wunderbar ein Noilly Prat oder Pastis. Und zum Essen passen ein Rosé aus Südfrankreich oder ein Weißwein von der Loire perfekt.

Fräulein Matjes mit Folienkartoffeln

Wussten Sie, dass „für eingelegte Matjesfilets eigentlich alle Männer eine Schwäche haben"? Und dass ein Matjes ein „Mädchen" ist, ein jungfräulicher Hering, der weder Milch noch Rogen hat? „Frau Marias praktischer Hausfreund" aus den 60-er Jahren hat's uns verraten, der jährliche Ratgeber der legendären „Offenbach Post"-Reporterin rund um Kinder, Küche und Karriere. Frau Marias Hausfreund hat uns und Julia wieder Lust auf den Fischklassiker gemacht.

8 Matjesfilets
1 Zwiebel
6 möglichst gleich große, fest kochende Kartoffeln
1 säuerlicher Apfel, z. B. Cox Orange
frische Petersilie
½ Becher saure Sahne
100 ml Naturjoghurt
2 Lorbeerblätter
3 ganze Pimentkörner
Pfeffer und Salz nach Geschmack
Alufolie

Und so geht's: Ofen auf 220 °C mit Grillfunktion vorheizen, Kartoffeln putzen und nach Belieben mit oder ohne Schale in Salzwasser garen. Joghurt und saure Sahne in eine mittelgroße Schüssel geben und eine Marinade rühren, nach Belieben würzen.

Äpfel entkernen und mit der Zwiebel in dünne Scheiben schneiden. Ganze Heringe filettieren oder fertige Filets in kleine Streifen schneiden. Heringsstücke unter die Marinade heben, Lorbeerblätter und Piment hinzugeben. Schüssel abgedeckt in den Kühlschrank stellen.

Kleine Folienstücke mit Öl bestreichen, Kartoffeln einzeln darin einwickeln, auf einem Backblech 15 Minuten grillen.

Fräulein Matjes auf Teller verteilen, Kartoffeln halb aus der Folie wickeln, mit Petersilie würzen und zum Fisch geben.

Julias Tipp:
Frischer Matjes sollte außen silbrig und innen rosa sein. Sieht er grau aus und riecht tranig, sollten Sie ihn besser nicht kaufen! Den Salat am besten am Tag vorher zubereiten, so wird Fräulein Matjes noch schmackhafter!

Grillspieße „del Maa“

Die spaßige Rezeptbezeichnung „vom Main“ für die klassische Zubereitungsvariante „del mar“. Dieses köstliche und zudem kalorienarme Rezept bringt Abwechslung auf den Rost. Unsere marinierten Grillspieße mit Fisch, Garnelen und frischen Ananasstücken sind schnell gemacht, grätenfrei und überzeugen auch Feinschmecker. Auf einer Grillparty heimsen Sie damit garantiert eine Menge Komplimente ein.

1 frische Ananas
1 Bund Salbei
1–2 Zweige Estragon
10–12 Gambas
2–3 Fischfilets aus festem Fleisch (z. B. Victoriabarsch oder Kabeljau)
1–2 TL Garam masala (indische Gewürzmischung)
5 EL Olivenöl
5–6 EL Sojasauce
½ TL Chilipulver
10–12 Schaschlikspieße aus Holz
Salz und Pfeffer nach Geschmack

Und so geht's: Die Holzstäbchen in kaltes Wasser einlegen, so brennen sie beim Grillen nicht an. Fisch kurz abbrausen, trocken tupfen und in 2 bis 3 cm große Stücke schneiden. Aus Sojasauce, 3 EL Olivenöl, Garam masala, Chilipulver, Salz und Pfeffer eine Marinade rühren und die Fischstücke darin einlegen.

Gambas schälen und entdarmen, wenn sie nicht schon fertig geputzt gekauft wurden. Dann mit Olivenöl einpinseln.

Ananas schälen, der Länge nach vierteln und den holzigen Strunk entfernen. Dann das Fruchtfleisch von der Schale trennen und in 2 bis 3 cm große Stücke schneiden.

Salbeibund abbrausen, trocken tupfen und die Blätter abzupfen. Holzstäbchen aus dem Wasser nehmen. Die Spieße in beliebiger Reihenfolge mit Garnelen, Fisch, Ananas und Salbei bestücken. Auf den Grill legen oder in einer Pfanne anbraten und servieren.

Unser Tipp:
Wenn das Barbecue ins Wasser fällt, schmecken die Spieße aus der Pfanne ebenso gut. Dann kann man sie mit Reis oder mit einem frischen Baguette servieren.

Lachs-Pasta mit Zitronensauce

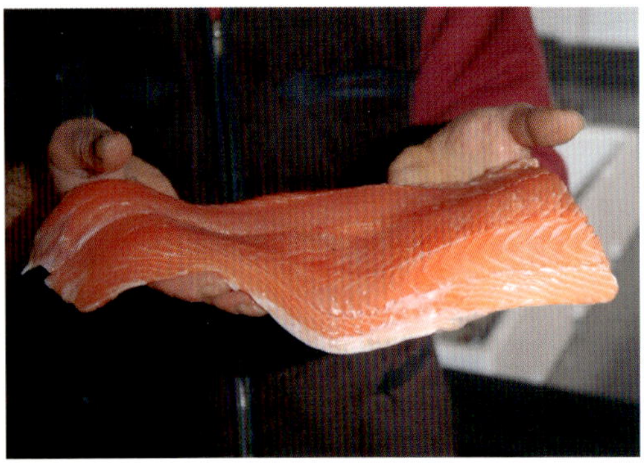

Beim Edelitaliener wird dieses Gericht meist auf Tellern so groß wie Sonnenhüte serviert. Der schlichte Nudelberg trägt dann den klangvollen Namen „Pasta al Limon". Wir haben auf das Brimborium drumherum verzichtet und die fruchtig-sahnige Nudelsauce mit frischen Marktkräutern und Lachs veredelt. Es ist keine Hexerei, aus der teuren Schicki-Nummer ein köstliches, schnelles Mahl für die eigene Trattoria zu zaubern!

1–2 Lachsfilets
1 Bio-Zitrone
1 Zwiebel
2 Stängel (Zitronen-)Estragon
oder krause Petersilie
4 EL Olivenöl
1 Prise Zucker
250 ml Sahne
100 ml Apfelwein oder trockener Weißwein
ca. 125 g Spaghetti-Nudeln pro Person
Salz und Pfeffer nach Geschmack

Und so geht's: Zitrone heiß abwaschen und trocken tupfen. Erst die Schale mit einer Küchenreibe oder einem Zestenschneider abhobeln, dann den Saft auspressen. Zwiebel schälen und fein würfeln. In einem kleinen Topf mit 2 EL Olivenöl glasig dünsten. Wein, Sahne und Zitronenzesten hinzugeben, mit Zucker, Salz und Pfeffer würzen. Nach und nach den Zitronensaft einrühren – nicht alles auf einmal, sonst gerinnt die Sauce! Zum Einrühren am besten den Saucentopf vom Herd nehmen.

Die Zitronensauce leicht einköcheln lassen. Nudeln in kochendem Salz-Wasser „al dente" garen. In der Zwischenzeit Lachsfilets von beiden Seiten im Olivenöl anbraten. Nudelwasser abgießen, auf Tellern verteilen, die Zitronensauce darübergeben, mit Lachsstückchen garnieren. Zum Schluss frische Kräuter darüberstreuen.

Unser Tipp:
Beim Zugeben des Zitronensafts immer wieder mit einem Löffel probieren, damit die Sauce nicht zu sauer schmeckt. Wer will, kann die Zitronen durch Limonen ersetzen, der Geschmack ist dann etwas feiner.

Fischsuppe für Faulenzer

Wie, Fischsuppe? Die ist doch viel zu aufwendig! Außerdem stinkt die Küche dann wie 'ne Backfisch-Bude! So war es dann doch nicht. Im Gegenteil, Fisch und Meeresfrüchte waren ruckzuck im Topf, und der aromatische Duft weckte Urlaubserinnerungen. Deshalb wollten wir dieses Rezept eigentlich ganz anders nennen, nämlich „Ferien aus dem Suppentopf".

4 Stangen Sellerie
500 g schnittfeste Tomaten
(z. B. Flaschentomaten oder Ochsenherzen)
1 große Stange Lauch
1 junger Knoblauch
1 frische rote Chilischote
500 g geputzte Miesmuscheln
1 festes Fischfilet (z. B. Rotbarsch)
1 Handvoll kleine Fische (daumenlang)
2 Lorbeerblätter
2 Gläser Fischfond
3 EL Olivenöl
200 ml Sahne
½ L Apfelwein oder trockener Riesling
Salz und Pfeffer nach Geschmack

Und so wird's gemacht: Sellerie und Lauch waschen, in kleine Stücke schneiden. Tomaten waschen und würfeln. Knoblauch schälen und fein hacken. Chilischote längs aufschneiden und die Kerne unter fließendem Wasser entfernen. Die Schote in Streifen schneiden. Fische und Muscheln unter kaltem Wasser abspülen, Fischfilet in Würfel schneiden.

Olivenöl in einem hohen Topf erhitzen, Sellerie, Lauch, Knoblauch und Tomaten zugeben. 1 bis 2 Minuten anbraten lassen und mit Wein ablöschen. Fischfond zugeben und umrühren. Kurz aufkochen lassen. Sahne, Fisch und Meeresfrüchte in den Topf geben. Bei geschlossenem Deckel 10 bis 15 Minuten köcheln lassen und dann servieren.

Unser Tipp:
Die Fischsuppe für Faulenzer macht sehr viel her bei Gästen und schmeckt am besten auf der Gartenterrasse oder auf Balkonien. Frisches Baguette und ein guter Weißwein wie Riesling oder Weißburgunder machen den kulinarischen Kurzurlaub perfekt.

Seeteufel à la Saltimboca

Im Ganzen ist der Seeteufel, auch Lotte genannt, kein schöner Anblick: Gruselig sieht er aus mit seinem riesigen Kopf und den geschwulstartigen Hautwucherungen. Deshalb wird er im Handel meist ohne Kopf, enthäutet und filettiert angeboten. Die schaurige Lotte ist eine echte Delikatesse: Ihr festes, weißes Fleisch schmeckt herzhaft und leicht süßlich. Das passt wunderbar zu Parmaschinken und Salbei.

3–4 Seeteufelfilets
300 g frischer Blattspinat
8 Salbeiblätter
1 Zwiebel
1 kleine rote Chilischote
8 dünne Scheiben Parmaschinken (oder Knochenschinken)
5 EL Olivenöl
2 EL Feigensenfsauce
2 EL Noilly Prat
1 Prise Muskat
Salz und Pfeffer nach Geschmack

Und so geht's: Chili unter fließendem Wasser abbrausen, längs einschneiden und die Kerne entfernen. Die Hälfte der Chilischote in feine Streifen schneiden. Noilly Prat, Feigensenfsauce, 2 EL Öl, Chili, Salz und Pfeffer zu einer Marinade verrühren und Lottefilets darin einlegen.

In der Zwischenzeit die Zwiebel schälen und in feine Würfel schneiden. Blattspinat abbrausen, welke Blätter aussortieren und grob hacken. Zwiebelwürfel mit 1 EL Olivenöl in einem großen Topf glasig werden lassen. Spinat, 1 Prise Muskat und eine halbe Tasse Wasser zugeben, auf kleiner Flamme dämpfen lassen.

Salbeiblätter waschen, trocken tupfen. Die Lottefilets damit belegen, dann mit Schinken umwickeln.

Backofen auf 180 °C (Unter- und Oberhitze) vorheizen, die Lotte-Päckchen mit Olivenöl in einer Pfanne bei mittlerer Hitze von allen Seiten anbraten. Anschließend im Ofen etwa 8 bis 10 Minuten fertig garen.

Spinat noch einmal abschmecken, auf Teller geben und die Lotte-Päckchen darauf verteilen.

Unser Tipp:
Als so genannter Knorpelfisch ist Lotte grätenfrei. Sie ist damit ideal für Kinder oder Leute, die Fisch wegen der Gräten meiden. Alternativ kann man auch Thunfischfilets verwenden.

Scholle mit Frankfurter Grüner Soße

Schlanker und gesünder geht's kaum: die traditionelle Kräutersoße und Fisch, beides marktfrisch. Schollenfleisch enthält besonders viel Jod und Vitamin B12, außerdem die fettlöslichen Vitamine A und D. Der Fettgehalt und damit auch der Gehalt von Omega-3-Fettsäuren können zwar unterschiedlich sein. Doch generell gehört die Scholle zu den Magerfischen – und das nicht nur wegen ihres flachen Körperbaus.

1 Päckchen Frankfurter Grüne Soße
500 g halb mehlig kochende Kartoffeln (z. B. Anouschka)
2–4 Schollenfilets
100 g gewürfeltes Dörrfleisch
1 Bio-Zitrone
3 EL Mehl
3 EL Butter
3 EL Olivenöl oder Butter
Salz und Pfeffer nach Geschmack

Und so geht's: Die Grüne Soße (siehe Rezept) zubereiten und im Kühlschrank ziehen lassen. In der Zwischenzeit die Kartoffeln – je nach Geschmack geschält oder ungeschält – in kochendem Salzwasser garen. Dörrfleisch in einer kleinen, fettfreien Pfanne knusprig rösten. Dann die Würfel herausnehmen und die Pfanne zur Seite stellen. Darin werden später die Kartoffeln angebraten.

Schollenfilets kurz abbrausen und mit Küchenkrepp trocken tupfen. Die Fische von beiden Seiten mit Salz, Pfeffer, einigen Spritzern Zitronensaft würzen und mit Mehl bestäuben.

Die garen Kartoffeln abseihen, längs halbieren und in der kleinen Pfanne in Butter wenden, bis eine goldgelbe Kruste entsteht. Wer's nicht so fett mag, kann Ofenkartoffeln dazu bereiten. In einer großen Pfanne Öl oder Butter erhitzen, Schollenfilets von beiden Seiten goldbraun anbraten. Nach 3 bis 4 Minuten aus der Pfanne nehmen, auf Tellern verteilen und mit Dörrfleisch bestreuen. Die Kartoffeln und einen großen Klecks Grüne Soße dazugeben.

Unser Tipp:
Die fast grätenfreien Schollenfilets sind eine Variante des Klassikers „Tafelspitz mit Grüner Soße". Und die kommt auch bei Kindern gut an. Dafür sorgen der zarte Fisch und die „Anouschka"-Kartoffeln, die sich wunderbar mit der Grünen Soße „zermatschen" lassen.

Schollenröllchen mit grünem Spargel

Noch mal Scholle, diesmal dekorativ mit grünem Spargel im Duett und als mediterrane Grillpfanne in Szene gesetzt. Dieses Gericht macht sich auch gut als „Reste-Essen“: Sollte noch ein Stückchen Scholle übrig geblieben sein, lässt sich daraus schnell eine feine Vorspeise zaubern. Einfach ein paar Stangen grünen Spargel dazu kochen, ab in die Pfanne und fertig. Ein paar Gambas, Cocktailtomaten und roh geröstete Kartoffeln verwandeln die improvisierte Vorspeise zu einem köstlichen Hauptgericht.

4–5 kleine Stückchen Schollenfilet
4–5 Gambas, entdarmt und ohne Schale
2 Zweige frischer Oregano
10 Stangen grüner Spargel
1 Hand voll Cocktailtomaten
1 Bio-Zitrone
4 fest kochende Kartoffeln (z. B. Marabel)
6 EL Olivenöl
1 Prise Zucker
Salz und Pfeffer nach Geschmack

Und so geht's: Grünen Spargel abbrausen, etwa 1 cm vom unteren Ende abschneiden und die Stangen in drei gleich große Stücke teilen. Mit 1 Zitronenscheibe und 1 Prise Zucker in kochendem Wasser bissfest garen.

In der Zwischenzeit Kartoffeln in feine Scheiben hobeln und in einer Pfanne mit 3 EL Olivenöl goldbraun anbraten. Gambas und Cocktailtomaten abbrausen, trocken tupfen und mit Öl einstreichen.

Spargelstückchen in ein Sieb geben, dann je 3 bis 4 Stück mit Scholle umwickeln und mit Öl bestreichen. In einer großen Pfanne zusammen mit den Gambas von allen Seiten anbraten. Nach etwa 3 Minuten die Tomaten zugeben und kurz mitgaren. Alle Zutaten auf Tellern dekorieren, die Kartoffelscheiben zu Türmchen anhäufen.

Unser Tipp:
Wer ein Essen für zwei zubereitet, lässt die Zutaten einfach in der Pfanne. Am dekorativsten wirkt's in einer Western- oder Grill-Pfanne – so, wie auf dem Bild.

Rosa Lachs auf Erbspüree-Kissen

Hier hat Käpt'n Iglo nichts zu melden! Jedenfalls sind Annes Kinder ganz begeistert von diesem kerngesunden Fischgericht: Der Lachs enthält sehr viel Jod, das „Kissen“ aus Kartoffeln, Kohlrabi und Erbsen steckt voller wichtiger Vitamine. Der Kinderschmaus klingt aufwendig, ist er aber nicht. Jedenfalls nicht, wenn man ein wenig Spaß am Kochen hat und seinem Nachwuchs nicht nur Fertigfutter aus der Packung auftischen will.

4 Scheiben Lachsfilet
4 weich kochende Kartoffeln (z. B. Karlena, Likaria)
1 Kohlrabi
1 Stängel Rosmarin
1 Hand voll Erbsen, frisch oder tiefgekühlt
1 EL Frischkäse
3 EL Olivenöl
2 EL Butter
1 Prise Salz
evtl. fettarme Milch
Salz und Pfeffer nach Geschmack

Und so geht's: Kartoffeln und Kohlrabi schälen und in dünne Scheiben schneiden. Mit 1 Prise Salz in kochendem Wasser garen. TK-Erbsen nach etwa 10 Minuten hinzugeben, frische Erbsen aus der Schale pulen und von Anfang an mitkochen.

Rosmarinstängel abbrausen, trocken tupfen und die Nadeln abzupfen. Lachsfilets abbrausen, mit Küchenkrepp trocken tupfen und würzen. Mit Olivenöl in einer Pfanne von beiden Seiten goldbraun anbraten.

Das Gemüsekochwasser bis auf einen kleinen Rest abgießen, Butter und Frischkäse in den Topf geben, mit dem Gemüse mit Hilfe eines Kartoffelstampfers verstampfen. Mit Salz und Pfeffer abschmecken. Wenn das Püree zu dick ist, ein wenig Milch hinzugeben und nochmal kurz erwärmen. Vorsicht, dass es am Boden nicht anbrennt!

Gemüsepüree auf Tellern verteilen, den Lachs hinzugeben und mit Rosmarin bestreuen.

Alps Tipp:
Dekoriert mit glasierten Karotten macht der Kinderschmaus auch für Gäste etwas her. Die Karotten auf unserem Bild wurden ein paar Minuten in kochendem Wasser blanchiert, dann in Butter bissfest gegart.

Kabeljau mit Kräutermütze

Kabeljau, auch Dorsch genannt, hat wenig Fett, enthält aber viel Eiweiß. Er gehört zu den gesündesten Nahrungsmitteln überhaupt. Bis in die 70er Jahre war der Edelfisch noch ein „Arme-Leute-Essen". Dann verringerten sich die Bestände durch Überfischung. Nun ist Kabeljau rar und recht teuer, aber jeden Bissen wert: Sein Fleisch ist wunderbar zart, aber trotzdem fest, und schmeckt am besten gedünstet oder gebacken. Wir haben den Edelfisch mit einer Kruste aus frischen Kräutern gekrönt.

½ Bund Rosmarin
½ Bund Estragon
½ Bund Salbei
2 Knoblauchzehen
1 kleine rote Chilischote
1 Bio-Zitrone
4 Kabeljaufilets,
ersatzweise Steinbeißer oder Rotbarsch
125 g Frischkäse
125 ml Weißwein
2 EL weiche Butter
Salz und Pfeffer nach Geschmack

Und so geht's: Zitrone heiß abwaschen, trocknen und die Hälfte der Schale fein abhobeln. Knoblauch schälen und fein würfeln. Kräuter abbrausen, trocken tupfen und fein hacken. Chilischote unter fließendem Wasser längst aufschneiden und die Kerne ausspülen. Ein Drittel der Schote in feine Streifen schneiden.

Frischkäse mit Knoblauch, Kräutern, Chili und der abgeriebenen Zitronenschale in einer hohen Schüssel verrühren. Die Masse mit Salz und Pfeffer würzen.

Backofen auf 160 °C (Ober- und Unterhitze) vorheizen. Kabeljaufilets kurz abbrausen, trocken tupfen und die Kräutermasse daraufstreichen. Die Filets in eine feuerfeste Form geben und den Wein zugießen. Auf der 2. Schiene von unten etwa 20 Minuten garen.

Unser Tipp:
Dazu passt am besten Naturreis und zum Beispiel Karottengemüse oder Spargelgemüse. Bei Letzterem ein paar Hand voll Spargelstücke in kochendem Wasser garen, Sud abgießen, Spargel mit 2 EL Schmand und 100 ml Weißwein kurz köcheln lassen. Zum Schluss mit Pfeffer und Salz abschmecken.

Süßes zu jeder Zeit

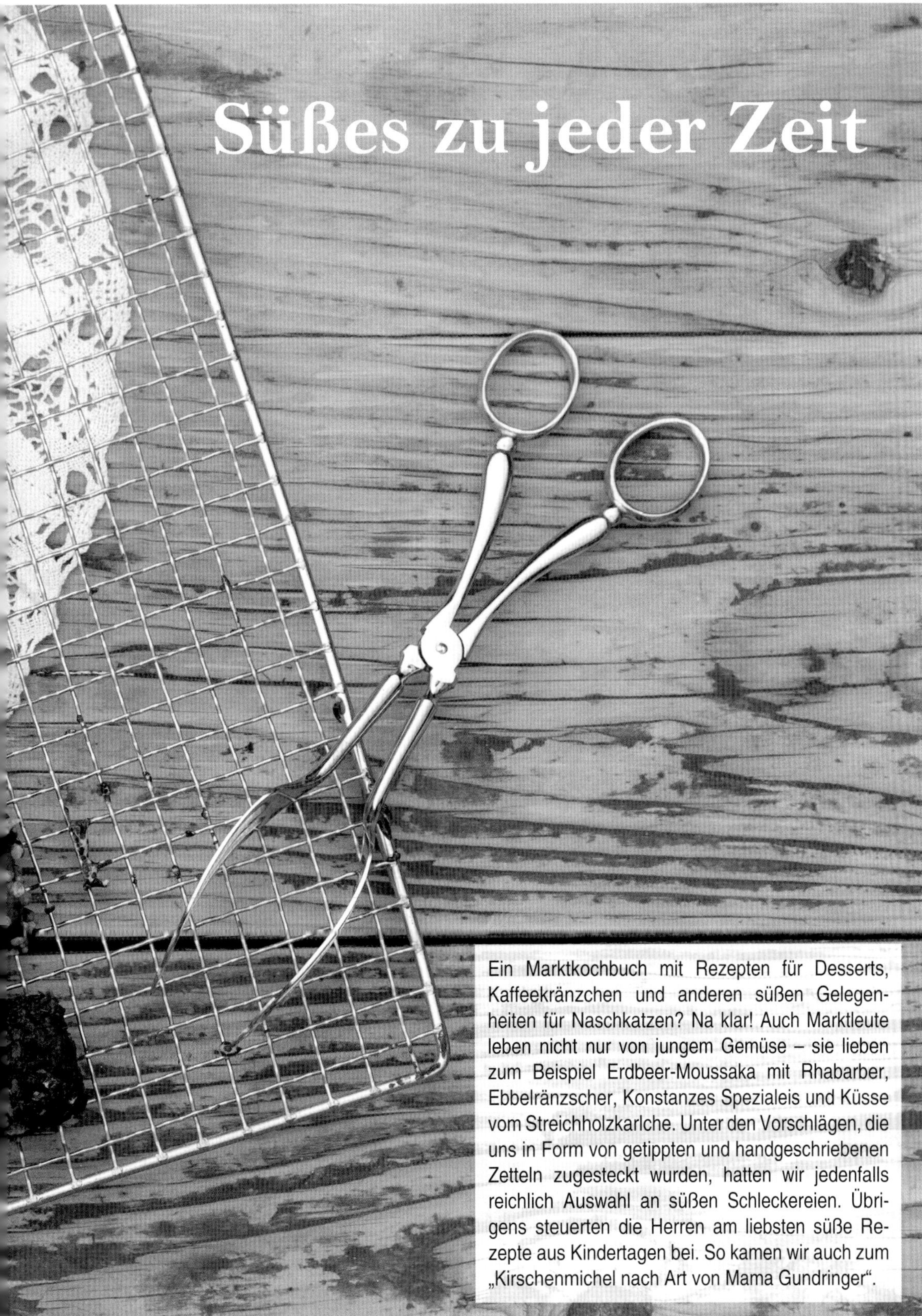

Ein Marktkochbuch mit Rezepten für Desserts, Kaffeekränzchen und anderen süßen Gelegenheiten für Naschkatzen? Na klar! Auch Marktleute leben nicht nur von jungem Gemüse – sie lieben zum Beispiel Erdbeer-Moussaka mit Rhabarber, Ebbelränzscher, Konstanzes Spezialeis und Küsse vom Streichholzkarlche. Unter den Vorschlägen, die uns in Form von getippten und handgeschriebenen Zetteln zugesteckt wurden, hatten wir jedenfalls reichlich Auswahl an süßen Schleckereien. Übrigens steuerten die Herren am liebsten süße Rezepte aus Kindertagen bei. So kamen wir auch zum „Kirschenmichel nach Art von Mama Gundringer“.

Küsse vom Streichholzkarlche

Gleich neben dem Offenbacher Markthaus posiert ein kleiner Mann auf einer überdimensionalen Streichholzschachtel und grüßt verschmitzt. Im echten Leben maß Karl Winterkorn gerade einmal 1 Meter 30 und verkaufte Streichhölzer in den Kneipen rund um den Markt. Dort war der Kleinwüchsige bis Ende der 30er Jahre eine Attraktion: Wenn das schüchterne Kerlchen in Stimmung war und hübsche Damen entdeckte, spitzte es den Mund und bot ihnen keck ein Küsschen an. Zur Belustigung der Herren musste sich manche Dame auch seiner unbeholfenen Umarmung erwehren. Wie Streichholzkarlchens Küsse wohl geschmeckt haben? So zart wie unsere süße Hommage?

1 Bio-Zitrone
für ½ TL geriebene Zitronenschale
60 g weißer oder brauner Zucker
1 Päcken Bourbon-Vanillezucker
Puderzucker als Deko
150 g Mehl, fein gesiebt
1 TL Weinstein-Backpulver
50 g gemahlene Mandeln oder Haselnüsse
100 g weiche Butter
1 Eigelb
1 Prise Salz
1 Streichholz

Und so wird's gemacht: Backpulver mit Mehl vermischen, Zucker, Vanillezucker, Salz und gemahlene Mandeln unterheben. Butter, Eigelb und je nach Gusto geriebene Zitronenschale hinzugeben. Alles mit einem Rührgerät zu einem glatten Teig verkneten. Die Teigmasse zu einer Kugel formen, mit Frischhaltefolie umwickeln und einige Stunden im Kühlschrank ruhen lassen – am besten über Nacht.

Backofen auf 175 °C (Unter- und Oberhitze) vorheizen. 1 oder 2 Backbleche mit Backpapier auslegen. Die Teigkugel aus dem Kühlschrank nehmen, mit einem Messer nacheinander etwa daumendicke Stücke herausschneiden.

Die Stücke in kleine Kugeln rollen. Daraus etwa 3 bis 4 cm lange Röllchen formen. Mit der Handfläche leicht flach drücken. Dann ein Streichholz längs auf ein Röllchen legen, leicht andrücken und wieder entfernen. So entstehen Ober- und Unterlippe. Mit Daumen und Zeigefinger die Enden des Röllchens zusammendrücken. Sie bilden Karlchens Mundwinkel. Mit einem Messer die „Oberlippe" ein wenig einkerben.

Den Kussmund auf das Backpapier setzen und die restlichen Röllchen auf die gleiche Weise bearbeiten. Das mit Teigküsschen gefüllte Backblech in den Ofen schieben und auf der mittleren Schiene etwa 6 bis 8 Minuten backen. Aus dem Ofen nehmen, leicht abkühlen lassen und mit Puderzucker bestreuen.

Susannes Tipp:
Genügend Abstand zwischen den Teig-Küsschen lassen! Denn durch das Backpulver „wachsen" die Küsschen und kleben sonst aneinander.

Offenbacher Pfeffernüsse

Bis in die 1980er Jahre kaufte die Hessische Landesregierung die Offenbacher Pfeffernüsse, um sie bei Auslandsauftritten als hessische Spezialität zu präsentieren. Früher war Offenbach nicht nur als Lederstadt weltberühmt, sondern auch für seine Pfeffernüsse. Sie wurden einst nur in feinen Hotels und Delikatessen-Handlungen verkauft. Auch Johann Wolfgang von Goethe schwärmte für die Spezialität, die er sich stets nach Weimar schicken ließ. Die Gebrüder Grimm hingegen warnten ihre Schwester Charlotte im Jahr 1820 in einem Brief: „von den Pfeffernüssen esse nicht zuviel, sie sollen zu sehr erhitzen...“. Doch anregende Zutaten wie Pfeffer enthält das Gebäck gar nicht, lediglich Nelken, Honig, Mandeln, Nüsse, Zimt, Orangeat und Zitronat. Lange Zeit war das Rezept, das 1757 von Bäckermeister Wilhelm Fleischmann ersonnen wurde, eines der am besten gehüteten Geheimnisse der Stadt. Inzwischen kann jeder die nicht zu süßen, auch nicht zu herben Pfeffernüsse nachbacken.

500 g Mehl
500 g Puderzucker
4 Eier
1 EL Rum
50 g Zitronat, in kleine Stücke geschnitten
50 g Orangeat, in kleine Stücke geschnitten
1 Zitrone, abgeriebene Schale davon
1 Pkg. Backpulver
1 TL Muskatnuss, gerieben
1 EL Zimtpulver
1 TL Nelkenpulver
1 TL weißer Pfeffer, gemahlen
1 Msp. Piment, gemahlen
1 Msp. Kardamom, gemahlen
1 Msp. Ingwerpulver

Und so wird's gemacht: Den Puderzucker sieben und mit den Eiern, dem Rum, dem Muskat und den anderen Gewürze in einer Schüssel mit dem Handmixer verrühren.

In einer Schüssel das Mehl mit dem Backpulver vermischen. Anschließend die Eiermischung hinzugeben und zu einem Teig kneten.

Etwa 90 kleine Kugeln aus dem Teig formen, auf ein mit Backpapier ausgelegtes Backblech setzen und im auf 180 °C vorgeheizten Ofen 10 Minuten backen.

Unser Tipp:
Wer die Mühe des Backens scheut, kann das köstliche Offenbacher Original in der Kaffeerösterei „Laier“ erstehen. Das Geschäft befindet sich gegenüber vom Markthäuschen und der Rosen-Apotheke.

Ebbelränzscher von Annes Oma

Dieser Klassiker darf in keinem Kochbuch fehlen! Denn diese Süßspeise ist einfach fantastisch, im Handumdrehen gemacht und gelingt immer. Wer ein paar Eier und würzig-säuerliche Äpfel wie zum Beispiel Red Delicius, Boskop, Reinette, Goldparmäne oder Gravensteiner im Haus hat, kann jederzeit eine köstliche Hauptspeise oder einen Nachtisch daraus zaubern.

3 frische Eier
3 säuerliche Äpfel
4–5 EL gesiebtes Mehl, weiß oder Vollkorn
125 ml fettarme Milch
2 EL brauner Zucker
1 TL Zimt und 2 TL Zucker
1 Spritzer Mineralwasser
Pflanzenöl oder Butterschmalz

Und so wird's gemacht: In einer Schüssel Eier mit Zucker verquirlen. Nach und nach Mehl und Milch unterrühren, bis ein zähflüssiger Teig entsteht. Wenn's noch zu flüssig ist, Mehl zugeben. Bei Vollkornmehl benötigt man ein bisschen mehr Milch. Zum Schluss hat Annes Oma einen Spritzer Mineralwasser untergerührt, das macht den Teig lockerer. Zucker und Zimt vermischen und auf einen flachen Teller geben.

Äpfel schälen und Kerngehäuse herausschneiden. Äpfel in fingerdicke Scheiben schneiden, in den Teig legen und ein paar Minuten darin ziehen lassen. In der Zwischenzeit eine große, flache Pfanne mit dem Fett erhitzen. Apfelringe hineingeben und auf beiden Seiten ausbacken, bis jede Seite goldbraun ist. Die Ringe mit einem Heber herausnehmen und nacheinander in der Zucker-Zimt-Mischung wälzen.

Warm oder abgekühlt servieren – einfach solo, mit einem Bällchen Vanilleeis, einem Klecks Schlagsahne oder mit Vanillesauce dazu.

Annes Tipp:
Bei Milchunverträglichkeit kann man Sojamilch verwenden. Als exotische Variante schmecken auch frische Ananasscheiben sehr lecker!

Holgers Zitronencreme

Einer der Marktgänger, der uns statt Herzhaftem lieber Süßes beisteuern wollte, ist der TV-Promi und „Hessenschau"-Moderator Holger Weinert. Seine Zitronencreme kommt nicht aus der Tüte, sondern vom Wochenmarkt. Sämtliche Zutaten sind das ganze Jahr über zu haben: saftige Zitronen aus Sizilien, ein paar Blättchen Melisse oder Minze und hausgemachter Holunderbeerensirup. Für Holgers Zitronencreme braucht man(n) ein wenig Fingerspitzengefühl und ein paar Schüsseln mehr als üblich, doch der Aufwand lohnt!

Ein paar Blätter Zitronenmelisse oder Minze
je 1 Hand voll Himbeeren und Physalis als Deko
Holunderbeerenlikör
4 Eier
2–3 Bio-Zitronen
sie werden verarbeitet zu:
6 Zitronenscheiben
6 EL frisch gepresstem Zitronensaft
1 TL geriebener Zitronenschale
weiter:
60 g Zucker
½ TL Agar-Agar oder Pektin
125 ml Sahne

Und so wird' s gemacht: Eier in 2 Schüsseln trennen. Eigelb mit wenig Zucker so lange schaumig rühren, bis das Eigelb weißlich wird.

Agar-Agar mit etwas Wasser in einen kleinen Topf geben und 1 bis 2 Minuten aufkochen. In einem weiteren Topf frisch gepressten Zitronensaft leicht erwärmen, geriebene Schale einer unbehandelten Zitrone zufügen und Agar-Agar zugeben. Vom Herd nehmen und leicht abkühlen lassen.

Von der Eigelbmasse 2 Esslöffel abnehmen und unter den lauwarmen Zitronensaft rühren. Dann erst den Zitronensaft unter die restliche Eigelbmasse rühren. So gibt es keine Klümpchen.

Sahne steif schlagen und unter die Zitronencreme rühren. Eiweiß in einer fettfreien Schüssel mit sauberem Quirl steif schlagen und unter die Zitronencreme heben.

Zitronencreme in Glasschälchen füllen und im Kühlschrank fest werden lassen – am besten über Nacht. Mit Zitronenmelisse, Himbeeren und Physalis garnieren. Dazu Holunderbeerenlikör servieren.

Holgers Tipp:
Die Zitronencreme am besten am Tag vorher zubereiten. Wer keine Zitronen zur Hand hat, kann auch Limonen nehmen.

Konstanzes Spezial-Eis

Warum nicht mal selbst Eis machen? Dazu braucht man weder eine Eismaschine noch viel Geduld. Das Spezial-Eisrezept von Konstanze Schneider – berufstätige Mutter, versierte Hobbyköchin und Bürgermeistergattin – geht ganz schnell und macht „viel Wind“. Wir haben's ausprobiert und befanden: Konstanzes Spezial-Eis hat Suchtpotenzial!

1–2 Hand voll Früchte der Saison, z. B. Erdbeeren, Himbeeren, Blaubeeren oder Johannisbeeren
5–6 bunte Baisers (gibt's im Heberer-Filialen)
250 ml Sahne
1 Päckchen Vanillezucker
1 Hand voll gestiftete Mandeln
1 Hand voll Schokoladenraspel
Nach Geschmack etwas Zimt

Und so wird's gemacht: Mandelstifte in einer fettfreien Pfanne goldbraun anrösten und abkühlen lassen. Obst in ein Sieb geben, abbrausen und gut abtropfen lassen. Große Obststücke zerkleinern. Sahne mit Vanillezucker steif schlagen. Baisers mit der Hand in einer Schüssel zerbröseln. Schlagsahne, Mandelstifte, Schokoraspel, Früchte und Zimt unterheben.

Die Masse in eine Gugelhupf- oder große Herzform geben, mit Folie verschließen und über Nacht gefrieren lassen. Die Form aus dem Gefrierschrank nehmen und kurz in heißes Wasser tauchen. Eis auf eine Platte stürzen und etwa 10 Minuten antauen lassen. Dann in Stücke schneiden und servieren.

Konstanzes Tipp:
Zum Servieren mit Beeren und Schokoraspeln dekorieren. Statt der Schokoraspeln zum Beispiel pürierte Erdbeeren oder Kiwis unterheben, einen kleinen Rest der Fruchtsauce als Deko aufheben.

Erdbeer-Moussaka mit Rhabarber und Minze

Es gibt kein „leichteres" Dessert zur Erdbeersaison: Das Erdbeer-Moussaka ist ruckzuck gemacht, schmeckt köstlich und ist die perfekte kalorienarme Alternative zum Früchtebecher vom italienischen Eissalon. Nicht nur aus diesem Grund ist es die Lieblingsleckerei von Heidis Zwillingsschwester Christel. Sie liebt den fruchtig-säuerlichen Geschmack, der durch griechischen Joghurt und frische Minze abgerundet wird – nach einem anstrengenden Markttag einfach die beste Erfrischung!

1 Schälchen frische Erdbeeren
3–4 Stangen frischer Rhabarber
1 Zweig frische Minze
1 Bio-Zitrone für:
1 EL geriebene Zitronenschale
1 EL Zitronensaft
weiter:
1 Päckchen Vanillezucker
1 Prise Zucker
250 g griechischer Joghurt, z. B. „Total"

Und so geht's: Rhabarber schälen, Enden abschneiden und die Stängel in etwa 3 cm dicke Stücke schneiden. Mit ein wenig Wasser in einen Topf geben. Zitronenschale und -saft hinzufügen. Rhabarber sanft köcheln lassen, bis er zart, aber noch bissfest ist. Vanillezucker unterrühren und im Topf abkühlen lassen.

Erdbeeren waschen, Stiele entfernen und in kleine Stücke schneiden. Nach Bedarf zuckern. Minze kurz abbrausen, Blättchen entfernen und klein zupfen. Ein paar Blättchen als Deko zurückhalten.

Rhabarber, Joghurt und Erdbeeren mit Minze schichtweise in hohe Gläser füllen. Zum Schluss mit einem Klecks Joghurt und Minzeblättchen dekorieren.

Christels Tipp:
Keinen herkömmlichen Joghurt, lieber das griechische Original verwenden! Das hat einen herrlich säuerlichen Geschmack, ist cremig, aber trotzdem stichfest. Griechischen Joghurt gibt's in vielen Supermärkten oder auf dem Wochenmarkt.

Andreas Ricotta-Röllchen

Ob süß oder salzig: Wenn eine Füllung geschmeidig, aber trotzdem kompakt sein soll, eignet sich Ricotta am besten. Am allerbesten ein frisch geschöpfter Ricotta. Der ist nicht im Supermarkt, sondern an den Käseständen auf Wochenmärkten zu haben – oder in Offenbach in der Käserei L'Abbate. Das kleine deutsch-italienische Familienunternehmen residiert ein wenig versteckt in einem Hinterhof direkt am Markt. Wer den Weg dorthin findet, entdeckt das Paradies!

1 Schälchen Beeren der Saison,
z. B. Erdbeeren, Himbeeren oder Heidelbeeren
1 frischer Ricotta, etwa 250–300 g
„Cannelloni Siciliani" Röllchen
Puderzucker nach Geschmack
1–2 Hand voll gemahlene Pistazienkerne oder Schokosplitter

Und so geht's: Beeren in ein Sieb geben, kurz abbrausen und abtropfen lassen. Erdbeerstängel entfernen. Die Früchte in kleine Würfel schneiden. Himbeeren oder Heidelbeeren vorsichtig halbieren. Pistazien oder Schokolade in ein kleines Schälchen geben.

Ricotta mit einem Rührgerät zu einer geschmeidigen Masse verarbeiten, diese nach Geschmack mit Puderzucker süßen. Früchte unterheben. Den Beeren-Ricotta vorsichtig mit einem Löffel in die Röllchen füllen. Dann deren Enden in die Pistazien oder Schokosplitter tunken. Die Röllchen auf einen Teller legen und bis zum Verzehr kühl stellen.

Andreas Tipp:
Pro Person sollte man ein bis zwei Röllchen einplanen. Die Röllchen schmecken noch feiner und sind noch dekorativer, wenn man die Enden kurz in flüssige Schokolade taucht und danach in gemahlene Pistazien.

Kirschenmichel nach Art von Mama Gundringer

Der traditionelle Kirschauflauf gehört von Südhessen über Franken bis Südbayern und von Baden-Württemberg bis zur Pfalz zum Küchenrepertoire. Je nach Region nennt man „unseren" Kirschenmichel auch Kirschenmännla, Kirschenjockel oder Kirschenplotzer. Die einen schwören auf Grieß, die anderen auf altbackene Brötchen oder Zwieback als Zutat. Doch einerlei, in welchem Bundesland und Backofen: Es müssen auf jeden Fall Sauerkirschen sein, am besten frische! Das ist trotz Entsteiner eine ganz schöne Sauererei. Doch die lohnt sich – der Geschmack ist einfach unvergleichlich! Das findet auch Thomas Gundringer, Offenbacher Werbegrafiker und passionierter Marktgänger. Er schwört noch heute auf das Rezept seiner Mutter. Es kommt ohne Butter, Mehl und Backpulver aus und ist schnell gemacht.

1 kg frische Sauerkirschen oder
1 großes Glas entsteinte Sauerkirschen
1 Bio-Zitrone
6 Eier
140 g Zwieback
140 g brauner Zucker
1 Päckchen Vanillezucker
100 g Mandelblättchen
nach Geschmack gemahlener Zimt und Nelken

Und so geht's: Mandelblättchen in einer fettfreien Pfanne goldbraun rösten und abkühlen lassen. Zwieback zerbröseln. Das geht am einfachsten, indem man den Zwieback in eine Plastiktüte füllt, gut verschließt und einige Male mit einer Flasche oder einem Nudelholz darüberrollt. Die Brösel in eine hohe Schüssel geben.

Sauerkirschen in ein Sieb geben, kurz abbrausen und entkernen. Kirschen aus dem Glas in einem Sieb abtropfen lassen und den Sud in einer Schale auffangen. Kirschen mit den Bröseln vermengen, von den Glaskirschen die Hälfte des Suds zugeben.

Die Hälfte der Zitronenschale abreiben und unter die Kirsch-Brösel mischen. Zucker mit 6 Eigelben schaumig schlagen. Je nach Geschmack Zimt und Nelken hinzugeben. 3 Eiweiße steif schlagen.

Ofen auf 180 °C (Ober- und Unterhitze) vorheizen. Eine feuerfeste, eckige Auflaufform ausfetten. Eigelbmasse und die Hälfte der Mandeln unter die Kirsch-Brösel heben, zum Schluss das Eiweiß. Die Masse in die Form füllen, mit den restlichen Mandeln bedecken. Auf mittlerer Schiene etwa 45 Minuten backen.

Thomas Tipp:
Früher lautete die Devise „Preiswert, macht die ganze Familie satt und schmeckt". Meist gab's vorweg eine leichte Suppe, danach Kirschenmichel bis zum Abwinken – und rundum zufriedene Gesichter. Diese Methode funktioniert auch heute noch bestens!

Früchte-Quartett

Ein Kuchen mit Himbeeren, Kirschen, Pfirsichen oder doch lieber ein klassischer Apfelkuchen? Wer die Wahl hat, der hat in diesem Fall nicht die Qual, sondern backt einfach alle vier Sorten auf einmal. Ein Kuchenrahmen mit Teiler, in Haushaltswarengeschäften zu haben, macht's möglich. Er wird auf das gefettete Backblech gelegt, dann wird der Teig innerhalb der jeweiligen Rahmen verteilt. Die Teigflächen können dann nach Belieben mit den unterschiedlichsten Zutaten belegt werden.

1 Schälchen frische Himbeeren
500 g Herzkirschen
oder entsteinte Kirschen aus dem Glas
500 g Pfirsiche oder Weinbergpfirsiche
2 große Backäpfel,
z. B. Gravensteiner, Elstar oder Boskop
4 Eier
150 g weiche Butter
Butterflöckchen
150 g Zucker
1 Päckchen Vanillezucker
250 g Mehl, fein gesiebt
3 TL Weinstein-Backpulver
1 Prise Salz
Backpapier
1 Backrahmen mit Teiler,
billiger und genauso gut:
Streifen aus Alu-Folie als Trenner

Und so geht's: Äpfel schälen, entkernen und in schmale Ringe schneiden. Frische Kirschen waschen, hälften und entkernen. Kirschen aus dem Glas in einem Sieb abtropfen lassen. Pfirsiche waschen, entkernen und in feine Streifen schneiden. Himbeeren in ein Sieb geben, vorsichtig abbrausen.

Mehl in eine Schüssel sieben und Backpulver untermischen. Butter mit Zucker und Vanillezucker in einer Rührschüssel schaumig schlagen. Eier und Salz mit der Zuckermasse verrühren. Nach und nach Mehl unterheben. Die Masse so lange bearbeiten, bis ein geschmeidiger Teig entsteht.

Backofen auf 200 °C (Ober- und Unterhitze) vorheizen. Blech mit Backpapier auslegen, den Backrahmen mit Teiler so darauf anbringen, dass 4 gleichgroße Felder entstehen. Teigmasse gleichmäßig in allen 4 Rahmen verteilen. Äpfel, Kirschen, Pfirsiche und Himbeeren in den jeweiligen Feldern verteilen. 3 bis 4 Butterflöckchen je Quadrat verteilen. Blech auf mittlerer Schiene etwa 30 bis 40 Minuten backen.

Unser Tipp:
Je nach Saison den Teig mit frischen Pflaumen, Aprikosen, Johannisbeeren oder Rhabarberstückchen belegen. Wer's gern ein wenig knuspriger mag, bedeckt das Obst mit Butterstreuseln. Dazu je 100 g Mehl, Butter und Zucker so lange vermengen, bis Brösel entstehen.

Frau Marias Damentröster

„Eigentlich können wir es uns nicht leisten… Aber wer kann schon so von heute auf morgen einer geliebten Schwäche entsagen?“ Schon 1965 erkannte „Frau Maria“, einst Reporterin der Offenbach Post, das heikelste Problem ihrer weiblichen Leserschaft: „Wie kann ich ohne Reue naschen?“ Dieser und anderer Lebensfragen rund um Küche, Kinder & Karriere nahm sich die streitbare Journalistin in ihren Jahrbüchern an, die unter dem Titel „Frau Marias praktischer Hausfreund“ erschienen. Darin entdeckten wir auch die kalorienarme Lösung für den „Kaffeeklatsch ohne Reue“: Schlanke „Damentröster“ als Alternative zu prallen Sahne- oder Cremetörtchen.

Und so wird’s gemacht: Quark, Frischkäse und Zitronensaft miteinander cremig rühren. Puderzucker und geriebene Zitronenschale nach und nach beimengen. Die Masse bis zum Gebrauch kühl stellen. Früchte in ein Sieb geben, kurz abbrausen, Kirschen entkernen. Exotische Früchte schälen und in feine Scheiben schneiden. Tarteletts großzügig mit der Creme bestreichen und mit Früchten garnieren.

2–3 Hand voll Früchte der Saison,
z. B. Beeren, Kirschen, alternativ Kiwi und Mango
1 Bio-Zitrone für 2 EL Saft und
1 TL geriebene Zitronenschale
je 250 g Magerquark und Philadelphia-Frischkäse
3 gestrichene EL Puderzucker
4 selbst gebackene oder
gekaufte Tarteletts aus Mürbeteig

Rumpenheimer Rahmkuchen

„Bitte schicken Sie an die Adresse Ihrer Majestät, der Königin von Württemberg, Stuttgart, zwei von den flachen Kuchen, dass dieselben, wenn möglich, Montag morgen hier eintreffen", heißt es in einem Telegramm vom April 1902 aus Stuttgart. Auch der feine Adel wusste, wie man den köstlichen Rahmkuchen aus dem heutigen Offenbacher Stadtteil Rumpenheim am besten genießt: möglichst backfrisch. Auch die beiden Edelfrauen Anne und Susanne schwören auf den vielgerühmten „flachen Kuchen", den sie am liebsten nach einem Marktsamstag mit einem Becher Kaffee genießen.

500 g Mehl
250 ml Milch, lauwarm
80 g Butter
80 g Zucker
1 Prs. Salz
40 g Hefe
Für den Belag:
400 g Crème fraîche
4 Eier
4 EL Zucker

Und so geht's: Die Hefe in eine kleine Schüssel bröckeln. 1 Teelöffel Zucker darüber streuen und mit 3 Esslöffeln lauwarmer Milch verrühren. An einem warmen Ort gehen lassen, bis sich das Volumen verdreifacht hat.

Die restlichen Zutaten für den Teig mit der Hefe in eine Schüssel geben und kneten. Dann den Teig abgedeckt an einem warmen Ort 40 Minuten gehen lassen.

Zwei Springformen oder das Backblech mit Butter ausstreichen, den Teig hineingeben, einen Rand formen und die Teigfläche mehrmals mit einer Gabel einstechen.

Die Zutaten für den Belag in eine Schüssel geben und verrühren. Die Mischung auf den Teig gießen, glattstreichen und im auf 200 °C vorgeheizten Ofen 30 Minuten backen.

Unser Tipp:
Nach der Hälfte der Backzeit ein bis zwei Hand voll gehobelte Mandeln auf den Kuchen geben. Das gibt dem Rahmkuchen eine herrlich knusprige Haube.

Offenbacher Pflastersteine

„Krieh die Kränk, Offebach! Die Staa binne se aa, die Hunde lasse se laafe!", soll sich einst ein Frankfurter Handelsmann bitter empört haben. Er hatte an einem dunklen Wintertag die Stadtgrenze passiert und das Zollamt gegenüber dem heutigen Ledermuseum aufgesucht. Was veranlasste einen zivilisierten Städter zu einer solch derben Verwünschung? Der Vorplatz des Zollamts war eingefasst mit Steinblöcken, die durch schmiedeeiserne Ketten miteinander verbunden waren. Dort soll der Frankfurter von einem streunenden Hund bedroht worden sein. Der erschrockene Handelsmann wollte einen der Pflastersteine aufklauben, um ihn nach dem Straßenhund zu werfen. Doch der „angekettete" Stein rührte sich keinen Millimeter. Ob der Frankfurter ohne Blessuren davonkam, ist nicht überliefert. Wohl aber dieses pfiffige Backrezept, das an diese Begegnung erinnert.

4 Eier
500 g Weizenmehl
1 Päckchen Weinstein-Backpulver
250 g weiche Butter
1 TL Butter zum Ausfetten der Form
1 TL Weizen- oder Dinkelgries
220 g Zucker
1 Päcken Bourbon-Vanillezucker
1 ½ Tassen Milch
4 EL Kakaopulver zum Backen
je 1 Tafel weiße und dunkle Schokolade
für die Deko: Mandelkrokant, Schokostreusel, geriebene Haselnüsse
1 Kastenform

Und so geht's: Mehl durch ein Sieb geben und mit Backpulver vermischen. Butter mit 200 g Zucker und Vanillezucker schaumig rühren. Nach und nach Eier unterheben. 1 Tasse Milch zugeben und die Masse rühren, bis ein glatter Teig entsteht.

Backofen auf 175 °C (Ober- und Unterhitze) vorheizen. Kastenform einfetten, Boden und Wände mit Grieß ausstreuen. Kakaopulver mit der restlichen Milch und 20 g Zucker verrühren. Die helle Masse in die Kastenform füllen, die Kakaomasse darübergeben und mit einer Gabel spiralförmig unterheben. Die Oberfläche mit einem Messer glatt streichen.

Kuchen etwa 1 Stunde auf der mittleren Schiene backen. Mit einem Zahnstocher oder Holzspieß testen, ob der Kuchen fertig ist. Wenn er gar ist, aus dem Ofen nehmen, kurz abkühlen lassen und aus der Kastenform lösen.

Schokolade in einem Schoko-Schmelztopf oder im Wasserbad erhitzen – die dunkle erst schmelzen, wenn die weiße aufgebraucht ist. Kuchen in 3 bis 4 cm dicke Scheiben unterteilen, daraus ebenso große Würfel schneiden.

Die Pflastersteine nach Gusto mit heller und dunkler Schokolade umkleiden, anschließend rundum mit Streuseln oder Krokant bestreuen.

Susannes Tipp:
Die dekorativen Offenbacher Pflastersteine sind eine preiswerte Variante zu Petit Fours aus der Patisserie. Wer's ganz eilig hat, der kann auch einen Marmor- oder Sandkuchen beim Bäcker kaufen und Pflastersteine daraus machen.

Unsere Saftrezepte sind perfekt für Frühstücksmuffel, für ewig Eilige und für Menschen, die statt mit isotonischen Gesöffen lieber auf gesundem Weg Kraftstoff tanken wollen. Auch bei manchem Wehwehchen lohnt der Griff zum selbst gemachten Saft. Und wer glaubt, dass „KaKi“, Kaffee mit Kippe, morgens der beste Muntermacher ist, der sollte mal einen unserer Säfte testen. Denn dieser Vitaminschub macht munter und obendrein gute Laune. Ob flüssiges Frühstückchen, schneller Energiedrink, gesunder Durstlöscher oder Helfer bei gesundheitlichen Beschwerden – hier finden Sie das passende Rezept, von Marktfrauen erprobt. Alles, was Sie sonst noch brauchen: ein paar hohe Gläser, Löffel mit langem Stiel und ein Entsafter, eine Saftpresse oder einen Standmixer.

Muntermacher & Gesundheitsdrinks

Flüssiges Frühstückchen

2 Karotten
2 Orangen
2 Kiwis
2 Äpfel
evtl. 1–2 EL Müsli oder Knusperflocken

Einfacher geht's nicht, um wach und fit in den Tag zu starten: Äpfel und Karotten gut abwaschen, Apfelgehäuse und –stiel entfernen, die Enden der Karotten abschneiden. Orangen und Kiwis schälen. Alle Früchte grob zerteilen. Nacheinander in den Entsafter geben oder, wer's als Smoothie mag, in den Mixer füllen und cremig pürieren. Nach Gusto mit Müsli oder Knusperflocken bestreuen. Fertig!

Andreas Tipp:
Als Starthilfe für Eilige können die Früchte schon am Abend vorbereitet und in einer Plastikdose fest verschlossen im Kühlschrank gelagert werden. Am nächsten Morgen einfach nur Dose auf und ab mit dem Inhalt in den Mixer!

Muntermacher fürs Hirn

Der Mix aus Vitamin A, Vitamin C und lebensnotwendigen Fettsäuren und Lecithin macht müde Geister munter.

3 Äpfel
3 Karotten
1–2 TL Nuss- oder Mandelmus oder Honig

Und so geht's: Äpfel und Karotten gut abwaschen, Apfelgehäuse und –stiel entfernen, die Enden der Karotten abschneiden. Grob zerkleinern und ab in den Entsafter oder Mixer. Den frischen Saft in ein großes Glas füllen, Nussmus hineinrühren. Aber nicht zu viel Mus nehmen, sonst wird der Powerdrink zur Kalorienbombe!

Annes Tipp:
Eine fruchtige und gesunde Alternative für Schulkinder und Teenies, die nicht gerne frühstücken.

Erfrischender Beerentrunk

Wasser und stark verdünnte Saftschorlen sind zwar prima Durstlöscher für heiße Sommertage. Doch wenn's eben nicht nur erfrischend, sondern auch richtig aromatisch sein soll, ist unser schneller Beerentrunk perfekt. Vor allem bei Kindern kommt unser selbst gemachter Smoothie superleckergut an – er ist auch ein wunderbarer, kalorienarmer Ersatz für Eiscreme.

1 Schälchen frische Erd- oder Himbeeren
1 kleine Banane
ein paar Blättchen Minze oder Zitronenmelisse
500 ml kalte Buttermilch

Und so geht's: Beeren in ein Sieb geben, kurz abbrausen und abtropfen lassen. Banane schälen und in daumendicke Scheiben schneiden. Früchte und Buttermilch in einen Mixer geben und pürieren oder in eine hohe Schüssel füllen und mit einem Handmixer pürieren. In Gläser füllen und mit Kräuterblättchen dekorieren.

Susannes Tipp:
Die Beeren im gefrorenen Zustand verarbeiten und nicht vorher auftauen! Der Smoothie wird dann zwar dickflüssiger und wirkt fast wie ein cremiges Eis. Aber er schmeckt genauso klasse wie mit frischen Früchten und lässt sich wie cremiges Eis löffeln.

Anti-Stress-Drink

Topinambur ist eine kartoffelähnliche Knolle. Sie enthält viele Mineralstoffe, Spurenelemente, Vitamine und essenzielle Aminosäuren. Wer regelmäßig Topinambur zu sich nimmt, behaupten Naturmediziner, der soll belastbarer sein und sich insgesamt wohler fühlen.

2 Topinambur-Knollen
2 Äpfel
stilles Wasser

Probieren Sie's doch mal aus: Topinambur schälen, kurz abbrausen und grob zerkleinern. In kochendem Wasser 5 Minuten garen, anschließend abkühlen lassen. Inzwischen die Äpfel schälen, Kerngehäuse und Stiel entfernen, die Früchte grob würfeln. Apfel- und Topinamburstücke in den Entsafter oder Mixer geben und den Saft nach Geschmack mit Wasser verdünnen.

Annes Tipp:
Wer frisch gemachten Apfelsaft im Verhältnis 1:3 mit Wasser mixt, erhält einen prima Durststiller. In Plastikbehälter für Eis am Stiel gefüllt und tiefgefroren, wird der Anti-Stress-Drink zu einem gesunden Wassereis für Kinder.

Omis Hustensaft

Bei Schnupfen und Husten hat sich dieses traditionelle Hausmittel schon über viele Generationen hinweg bewährt – vor allem bei Kleinkindern. Diese Naturmedizin lässt sich ganz einfach selbst herstellen und kostet so gut wie nichts. Denn die Zutaten – Zwiebeln und Zucker – sind meist sowieso vorrätig. Je nach Bedarf kann die Menge variiert werden, so ist der Saft immer frisch, und der Gang zur Apotheke erübrigt sich.

1–2 Zwiebeln
1–2 EL Honig, Ahornsirup, Birnendicksaft oder Rohrzucker

Und so geht's: Zwiebelschale entfernen, Zwiebel zerkleinern und in eine Schüssel geben. Mit Honig beträufeln. Schüssel mit Folie gut verschließen. Den Inhalt 12 Stunden ziehen lassen, damit sich ein Zwiebelsud bilden kann. Den Sud in ein kleines, verschließbares Gefäß geben und zweimal täglich je 3 Teelöffel (Klein- und Schulkinder) bzw. 1 ½ Esslöffel (1 kleines Schnapsgläschen für Erwachsene) einnehmen.

Omis Tipp:
Im Kühlschrank hält sich der Sud etwa 2 bis 3 Tage.

Drei Kilo Tomaten für nur drei Euro: Prima Angebot, aber was soll ich daraus machen? Was tun mit übrig gebliebenen Kräutern? Wie kommt mehr Pfiff in die Gewürzsammlung? Wie kann man auch im Winter aromatische Erdbeeren und Spargel genießen, ohne die Haushaltskasse zu sprengen? In diesem Kapitel finden Sie Antworten auf all diese Fragen, einfache Rezepte für haltbares Allerlei und weitere pfiffige Marktfrauen-Tipps.

Haltbares Allerlei

Kräuter „on the rocks“

Petersilie, Oregano, Thymian, Estragon, Dill, Basilikum, Salbei oder andere frische Kräuter kann man ganz einfach haltbar machen: Kräuter abbrausen, auf einem Küchenkrepp auslegen und gut abtrocknen lassen. Petersilie und Dill werden fein gehackt. Von Thymian, Estragon oder Oregano werden die Blättchen abgezupft. Dann die einzelnen Kräutersorten in leere Eiswürfelbehälter oder kleine Gefrierdosen füllen und einfrieren. So hat man jederzeit handlich-kleine Portionen parat für Salatsaucen oder anderes. Salbei und Basilikumblätter werden lose und schichtweise in eine Plastikdose gelegt. Die Schichten mit Alufolie oder Backpapier abtrennen.

Knoblauch konservieren

Eingelegter Knoblauch ist aromatisch, aber nicht mehr scharf. Er schmeckt köstlich zu Fleisch, Brot und einem Glas Rotwein. In Rumänien ist diese Kombination eine klassische Abendmahlzeit. Und der Sud ist eine wunderbare Salat- und Soßenwürze.

500 g junger Knoblauch (mit weiß-violetter Schale)
3 kleine scharfe grüne Chilis
½ L Rotwein
¾ L Wasser
¼ L Rotweinessig
1 EL Salz
4 EL Zucker
2 Lorbeerblätterr
3 Nelken
1 Thymianzweig
15 weiße Pfefferkörner
100 ml Olivenöl
schöne Einmachgläser

Und so geht´s: Knoblauchknollen gut abspülen, mit Chili in einen hohen Kochttopf geben. Rotwein mit Wasser und Essig aufkochen, alle Zutaten hineingeben – außer Öl. Heiß über die Knoblauchzehen gießen und über Nacht ziehen lassen. Am nächsten Tag alles 10 Minuten kochen, dann abkühlen lassen. Knoblauch mit der Flüssigkeit in Einmachgläser füllen und eine Schicht Öl darüber geben. Vor dem Verzehr mindestens 1 Monat kühl und dunkel lagern.

Annes Gemüse-Instant

Wenn Anne in der Küche Suppenwürze braucht, greift sie zum Glas. Darin befindet sich kein Fertigpulver mit Dextrose und Geschmacksverstärkern, sondern ihre ganz private Würz-Mischung: ein reines Naturprodukt zum Verfeinern von Suppen.

Je 100 g Karotten, Lauch, Zwiebeln, Sellerie,
Petersilie oder Petersilienwurzel
etwas Liebstöckel
200 g Salz

Und so geht's: Zuerst wird das Gemüse gesäubert, klein geschnitten und püriert, dann das Salz untergemischt. In Schraubgläser gefüllt, ist Annes Suppengewürz etwa 1 Jahr im Kühlschrank haltbar.

Gewürzmischungen hausgemacht

Eine Fingerspitze aromatischer Gewürze auf dem Grillsteak oder dem bunten Salat ist das geschmackliche I-Tüpfelchen. Wenn Ihnen besondere Gewürzmischungen jedoch zu teuer sind, machen Sie sie einfach selbst. Ein bunter Meersalzmix oder Pfeffermix zum Beispiel sind im Handumdrehen gemacht. Dazu sollten Sie lediglich in eine zweite Salz- und Pfeffermühle investieren und folgende Zutaten zur Hand haben:

Bunter Meersalzmix (Menge nach Belieben):
Frischer Thymian und Zitronenthymian, Salbei
1 Bio-Zitrone
getrocknete Rosenblätter (ungespritzt)
1 Beutel grobes Meersalz (500 g)

Und so geht's: Frische Kräuter klein schneiden und mit Meersalz vermischen. In ein Schraubglas füllen und 3 Wochen ziehen lassen. Das Glas ab und zu schütteln, damit sich die Kräuter gut verteilen. Anschließend auf einem Backblech verteilen und im vorgeheizten Backofen bei 100 °C (Unter- und Oberhitze) etwa 15 Minuten trocknen lassen. Dann in eine Salzmühle füllen. Wer mag, kann geriebene Zitronenschalen und Rosenblätter zum Salz geben.

Schwarzer Pfeffermix:
4 EL schwarze Pfefferkörner
1 getrocknete Peperoni
1 TL Kardamomkapseln
1 Zimtstange
2 Nelken
Sternanis

Und so geht's: Zimtstange zerbröseln, Sternanis zerkleinern und mit den anderen Zutaten in eine Pfeffermühle füllen.

Süße Saisonverlängerung

Auch außerhalb der Saison lassen sich aromatische Erdbeeren, Brombeeren, Kirschen oder anderes Obst genießen. Und so geht's: Aus frischen Früchten nur die einwandfreien Exemplare heraussuchen. Diese kurz abbrausen, vorsichtig mit Küchenkrepp trocken tupfen und lose auf ein Blech legen. Blech in den Gefrierschrank stellen und etwa 30 Minuten anfrieren lassen. Die Früchte herausnehmen und sofort portionsweise in Gefrierbeutel umfüllen, gleich wieder in den Froster geben. Diese Prozedur verhindert, dass die Früchte aneinanderkleben.

Aber bitte mit Pesto

Arrividerci, Spaghetti Miracoli! Basta mit Fertigsaucen aus der Flasche! Die beste Veredelung von Pasta ist ein hausgemachtes Pesto. Das ist in 15 Minuten zubereitet und hält sich, gut präpariert, eine ganze Ewigkeit. So haben Sie immer eine köstliche Fertigsauce im Regal, wenn's mal presto gehen muss.

2 Sträußchen Basilikum (etwa 400 Gramm)
2–3 Knoblauchzehen
1 Stück Parmesan (etwa 200 Gramm)
8 Esslöffel Pinienkerne (etwa 150 Gramm)
½ Liter kalt gepresstes Olivenöl
Gläser mit Schraubverschluss
Salz und Pfeffer nach Geschmack

Und so geht's': Kräuter abbrausen, grob zerkleinern und mit dem Zauberstab in einem hohen Becher grob zerkleinern. Vorsicht: Nicht zu lange pürieren, sonst werden der Rucola und die Kräuter bitter! Pinienkerne in einer fettfreien Pfanne anrösten, kurz abkühlen lassen. Knoblauch schälen und mit den Pinienkernen in einem Mörser zu einer Paste zerreiben. Parmesankäse reiben und mit der Paste in den Becher geben. Olivenöl zugeben und gut verrühren. Mit Salz und Pfeffer abschmecken.

Zum Aufbewahren auf kleine Einmach- oder Marmeladengläser verteilen. Achtung: Das Pesto sollte immer mit einer Schicht Olivenöl bedeckt sein. Deshalb nach jeder Entnahme von Pesto wieder etwas Öl auffüllen. Am besten ein frisches Lorbeerblatt aufs Öl legen, das verhindert Schimmelbildung. Kühl und dunkel gelagert, zum Beispiel in einer Vorratsecke oder einer Speisekammer, hält sich Pesto mindestens sechs Monate. Geöffnet ganz oben im Kühlschrank aufbewahren!

Annes Tipp:
Statt Basilikum kann man ein Pesto mit Bärlauch oder Rucola zubereiten. Statt der Pinienkerne einfach Wal- oder Haselnüsse verwenden!

Früchte zum Trinken

Wenn Sie günstig größere Mengen Erdbeeren, Aprikosen oder Pfirsiche kaufen, aber keine Marmelade daraus kochen wollen, verarbeiten Sie einen Teil zu köstlichem Fruchtpüree. Dazu Beeren waschen, die Stiele entfernen und mit einem Handmixer pürieren. Ungesüßt in Gefrierdosen geben und in den Gefrierschrank stellen. So haben Sie jederzeit eine aromatische Basis für einen köstlichen Pfirsich-Smoothie, einen Erdbeer-Shake oder eine Fruchtsauce für Eis.

Tomaten-Sugo

Von Mai bis September sind Tomaten aus der Region zu haben – herrlich aromatisch und sehr preiswert. Es lohnt sich, gleich mehrere Kilo Tomaten zu Sugo zu verarbeiten und portionsweise einzufrieren. So ist immer eine köstliche Tomatensauce parat.

1–2 kg Aroma-Tomaten
1 Zweig Oregano
1 Zweig Basilikum oder Rosmarin,
1 Zwiebel
2 Lorbeerblätter
2–3 Knoblauchzehen
1 Gemüsebrühwürfel
oder 2 EL von Annes Gemüse-Instant
Rotwein nach Geschmack
Salz und Pfeffer nach Geschmack

Und so wird's gemacht: Zwiebel und Knoblauch schälen und grob würfeln. Tomaten waschen und Fruchtansatz herausschneiden, das ist die kleine grüne „Delle" in der Mitte. Tomaten vierteln. Oregano und Basilikum abbrausen und Blättchen abzupfen.

Gemüsebrühwürfel in 125 ml kochendem Wasser auflösen. Olivenöl in einem hohen Topf erhitzen, Zwiebeln und Knoblauch darin andünsten. Erst Oregano zugeben, kurz mitdünsten lassen. Tomaten und Gemüsebrühe zugeben und verrühren. Mit Salz und Pfeffer abschmecken. Wer mag, kann Rotwein hinzugeben.

Mindestens 1 Stunde, besser 4 bis 5 Stunden bei kleiner Flamme einkochen lassen, dabei regelmäßig umrühren. Nochmal mit Salz und Pfeffer abschmecken. Kalt werden lassen, portionsweise in Gefrierboxen füllen und im Froster aufbewahren.

Heidis Tipp:
Tomaten sind Nachtschattengewächse und dürfen nicht im Kühlschrank lagern, sonst verlieren sie ihr Aroma! Am besten an einem schattigen Platz in der Küche aufbewahren. Grüne Tomaten reifen am besten, wenn sie in Zeitungspapier gewickelt und an einem dunklen Ort gelagert werden. Tomaten reifen schneller, wenn man einen Apfel dazulegt.

Die besten Tomatensorten

Tigerella
Diese Tomatensorte kommt nicht nur wegen ihres Namens und gestreiften „Fells" bei Kindern gut an. Die Tigerella schmeckt nämlich besonders süß. Je nach Reifegrad ist ihre Schale zunächst grün und ausgereift rot-grün gestreift. Diese originelle Tomate ist keine Neuzüchtung, sondern eine alte Sorte, die wiederentdeckt wurde. Kurz gebraten mit anderem Gemüse ist sie ideal zu Pasta.

Goldino oder Zitrönchen
Gelbe Tomatensorten wie die Goldino haben weniger Säure, deshalb schmecken sie meist süßer als rote Tomaten. Aus Goldinos lässt sich auch eine köstliche vegetarische Mahlzeit zaubern: Dazu das Fruchtfleisch herausschneiden und mit Semmelbröseln, Kräutern und Ricotta mischen, wieder in die Tomaten geben und bei 180 °C im Ofen backen.

Orangina
Ebenso wie die Goldino hat auch die Orangina eine dickere Schale. Diese farbenfrohe Sorte ist ideal als Ergänzung zu einem gemischten Salat oder, in hauchdünne Scheiben geschnitten, als Tomatensalat.

San Marzano
Diese Sorte hat viel Fruchtfleisch, nur wenige Samen und ist sehr aromatisch. Und sie ist leicht zu schälen. Deshalb ist die San Marzano die klassische Basis für Pizzasoße. Man kann aber auch einen aromatischen Sugo oder Tomatenketchup daraus machen.

Maranello
Die ebenfalls ferrarirote Tomate ist so süß und aromatisch wie eine Cocktailtomate. Die Maranello enthält sehr viel gesundes Lycopin und natürliches Vitamin C. Auch diese Sorte eignet sich wunderbar für Pastasoße.

Black Prince / Schwarzer Prinz
Wer genau hinschaut, erkennt: Schwarze Tomaten wie der Schwarze Prinz sind nicht wirklich schwarz, sondern dunkelviolett. Diese Sorte ist übrigens die „Urtomate" – sie wurde vom spanischen Seefahrer und Entdecker Christoph Kolumbus einst als kulinarische Entdeckung nach Europa gebracht. Im Vergleich zu anderen Tomaten ist Black Prince weniger süß und ideal zum Einkochen. Aber nicht irritieren lassen: Dieser Sugo ähnelt eher einer dunklen Braten- als einer typisch roten Tomatensoße.

Grünes Zebra
Mit ihren grüngelben Streifen ist diese Sorte sehr dekorativ. Reife Früchte haben kein rotes Fleisch, sondern sind im Innern smaragdgrün. Das herrlich saftige Fleisch schmeckt fruchtigsüß, und der Geschmack erinnert an Melonen. Unser Tipp: Das Grüne Zebra am besten roh und ungewürzt genießen!

Zahnrad
Wie der Name dieser Tomate schon vermuten lässt, sieht ihr Inneres tatsächlich aus wie ein Zahnrad. Um das schöne und dekorative Muster zu sehen, wird die Frucht deshalb auch quer aufgeschnitten und nicht längs wie eine herkömmliche Tomate. Das Äußere dieser sehr fleischigen, sehr aromatischen Tomatensorte ist nicht glatt und rund, sondern gewellt. Vorsicht: Ihre Schale ist sehr weich und damit druckempfindlich. Das Zahnrad schmeckt wunderbar als Belag auf einem frischen Butterbrot.

Marktkalender

Obst	Jan	Feb	März	April	Mai	Juni	Juli	Aug	Sept	Okt	Nov	Dez
Ananas	■	■	■	■							■	■
Äpfel					■	■	■	■	■	■		
Aprikosen					■	■	■	■	■			
Bananen	■	■	■	■	■	■	■	■	■	■	■	■
Birnen							■	■	■	■		
Bitterorangen	■	■										■
Brombeeren							■	■	■	■		
Erdbeeren			■	■	■	■	■	■	■	■		
Granatapfel	■							■	■	■	■	■
Heidelbeeren						■	■	■	■			
Himbeeren						■	■	■	■	■		
Johannisbeeren					■	■	■	■	■	■		
Kakis	■	■	■	■	■	■				■	■	■
Kirschen				■	■	■	■	■	■	■		
Kiwis	■	■	■	■	■	■	■	■	■	■	■	■
Limetten	■	■	■	■	■	■	■	■	■	■	■	■
Mandarinen	■	■								■	■	■
Mangos	■	■	■	■	■	■	■	■	■	■	■	■
Melonen						■	■	■	■			
Mirabellen					■	■	■	■	■	■		
Nektarinen						■	■	■	■			
Orangen	■	■	■							■	■	■
Pampelmusen	■	■	■						■	■	■	■
Pfirsiche					■	■	■	■	■	■		
Pflaumen							■	■				
Physalis	■	■	■	■	■	■	■					■
Preiselbeeren							■	■				
Quitten									■	■	■	
Rhabarber					■	■						
Stachelbeeren								■	■			
Weintrauben							■	■	■	■	■	
Zitronen	■	■	■	■	■	■	■	■	■	■	■	■
Zwetschgen								■	■	■		

■ = auf dem Markt zu haben

Gemüse	Jan	Feb	März	April	Mai	Juni	Juli	Aug	Sept	Okt	Nov	Dez
Aubergine								●	●	●		
Blumenkohl	●	●					●	●	●	●	●	●
Brokkoli						●	●	●	●	●	●	
Bohnen					●	●	●	●	●	●		
Champignons	●	●	●	●	●	●	●	●	●	●	●	●
Erbsen						●	●	●				
Esskastanien	●	●	●						●	●	●	●
Fenchel					●	●	●	●	●	●	●	
Frühlingszwiebeln			●	●	●	●	●	●	●	●	●	
Grünkohl	●	●								●	●	●
Gurken						●	●	●	●	●		
Ingwer	●	●	●	●	●	●	●	●	●	●	●	●
Karotten/Möhren	●	●	●	●	●	●	●	●	●	●	●	●
Kartoffeln	●	●	●	●	●	●	●	●	●	●	●	●
Knoblauch	●	●	●	●	●	●	●	●	●	●	●	●
Kohlrabi					●	●	●	●	●	●		
Lauch/Porree	●	●				●	●	●	●	●	●	●
Kürbis								●	●	●	●	●
Mais								●	●	●		
Mangold						●	●	●	●	●		
Meerrettich									●	●	●	
Nüsse	●	●	●					●	●	●	●	●
Paprika							●	●	●	●	●	
Pastinaken	●	●	●	●				●	●	●	●	●
Pepperoni							●	●	●	●		
Petersilienwurzel	●	●	●	●	●	●	●	●	●	●	●	●
Rosenkohl	●	●								●	●	●
Rote Bete	●	●							●	●	●	●
Rotkohl	●	●	●	●	●	●	●	●	●	●	●	●
Schwarzwurzel	●									●	●	●
Sellerie							●	●	●	●	●	
Spargel				●	●	●						
Spinat				●	●	●			●	●		
Spitzkohl					●	●	●	●	●	●	●	
Steckrübe	●									●	●	●
Steinpilze					●	●	●	●	●	●		
Tomaten					●	●	●	●	●			
Waldpilze					●	●	●	●	●	●	●	
Weißkohl	●	●	●	●	●	●	●	●	●	●	●	●
Wirsing	●	●	●	●	●	●	●	●	●	●	●	●
Zucchini						●	●	●	●	●		
Zwiebeln	●	●	●	●	●	●	●	●	●	●	●	●

Salate und Gartenkräuter	Jan	Feb	März	April	Mai	Juni	Juli	Aug	Sept	Okt	Nov	Dez
Asiasalat						x	x	x				
Basilikum							x	x	x			
Bataviasalat				x	x	x	x	x	x	x		
Bärlauch				x	x							
Bohnenkraut					x	x	x	x	x			
Brunnenkresse			x	x	x	x	x	x				
Chicorée	x	x	x							x	x	x
Chinakohl								x	x	x	x	
Dill	x	x	x	x	x	x	x	x	x	x	x	x
Eichblattsalat			x	x	x	x	x	x	x	x	x	
Eisbergsalat					x	x	x	x	x	x		
Endiviensalat					x	x	x	x	x	x	x	x
Estragon					x	x	x	x	x	x		
Feldsalat	x	x								x	x	x
Grüne Soße			x	x	x	x						
Kerbel				x	x	x	x	x	x			
Kopfsalat	x	x	x	x	x	x	x	x	x	x	x	x
Koriandergrün					x	x	x	x				
Liebstöckel						x	x					
Lollo rosso			x	x	x	x	x	x	x	x		
Löwenzahn					x	x	x	x	x	x		
Lorbeer							x	x	x	x	x	
Majoran						x	x	x	x			
Minze						x	x	x	x			
Oregano					x	x	x	x	x	x		
Petersilie	x	x	x	x	x	x	x	x	x	x	x	x
Radicchio			x	x	x	x	x	x	x	x	x	
Rosmarin						x	x	x	x			
Rucola/Rauke			x	x	x	x	x	x	x	x	x	
Salbei				x	x	x	x					
Sauerampfer			x	x	x							
Schnittlauch	x	x	x	x	x	x	x	x	x	x	x	x
Thymian					x	x	x	x				
Waldmeister				x	x							

Die im Marktkalender markierten Monate beziehen sich auf die Erntesaison in unseren Breiten. Viele Obst-, Gemüse- und Salatsorten sowie Kräuter sind jedoch das ganze Jahr auf dem Markt erhältlich. Die Ware kommt dann jedoch meist vom Großmarkt und/oder aus anderen Ländern.

Autorin & Fotograf

Foto: Ralf Braum

Susanne Reininger,
geb. 1965, wuchs in der Bäckerei ihrer Familie in Frankfurt am Main auf und wohnt heute in Offenbach. Die studierte Germanistin, Medienwissenschaftlerin und Politologin arbeitet als freie Journalistin für Hörfunk, Presse und Online-Medien sowie als Buchautorin. Ihre publizistischen Schwerpunkte sind Verbraucher- und Ernährungsthemen sowie unterhaltsame Wissensvermittlung für große und kleine Leser. Die Journalistin veröffentlichte u. a. im Hessischen Rundfunk, in der Frankfurter Rundschau und im Stern. Ihre Ratgeber- und Sachbücher sind bei Baumhaus, Eichborn, Fischer und Ullstein erschienen. Susanne Reininger hat sich in ihrer über 20-jährigen journalistischen Arbeit die Genauigkeit und Liebe zum Detail, mit der die Produkte in der familieneigenen Backstube entstanden, bis heute bewahrt.

Markus Kirchgessner,
geb. 1963 in Wiesloch bei Heidelberg, besuchte nach dem Studium der Germanistik, Philosophie und Psychologie in Freiburg die FH Darmstadt. Seit seinem Abschluss im Fach Kommunikationsdesign arbeitet Markus Kirchgessner für zahlreiche Zeitschriften, Agenturen und Buchverlage im In- und Ausland. Schwerpunkte seiner Arbeit bilden kulinarische Fotoprojekte, sowie Reisereportagen, die ihn in die unterschiedlichsten Weltgegenden führen. Im Zentrum seines fotografischen Interesses stehen dabei die scheinbar zeitlosen Phänomene des alltäglichen Lebens.

Wir danken Tefal für die freundliche Unterstützung bei unseren Muntermachern & Gesundheitsdrinks.

Rezeptindex

weitere Verlagstitel:

RHEINGAU & MITTELRHEIN
DIE KULINARISCHEN GEHEIMNISSE

Ob Fisch in Riesling gratiniert, Kartoffelpfanne nach Winzerart, Muscheln „Rheinische Art", „Gerupfter" vom Mittelrhein, Rheingauer Weinsuppe, lauwarmes Klostertürmchen vom Lachs, Rieslingsuppe, -kuchen oder -sorbet: Hier finden Sie in über 140 Rezepten Bekanntes, Bewährtes, Raffiniertes oder neu Arrangiertes – und bestimmt auch Ihr neues Lieblingsgericht.

Mitwirkende u. a.: Weingut Joachim Flick, Schloss Reinhartshausen, Weingut C. Belz, Schloss Vollrads, Weingut Peter Jakob Kühn, Deutsches Weininstitut, Domdechant Werner´sches Weingut, Weingut August Eser, Weingut Altenkirch, Hotel Duchmann, Rüdesheimer Sektkellerei Ohlig, Weingut Jakob Jung, Weingut August Kesseler, Hotel Krone Assmannshausen, Hotel Landsknecht, Weinhaus Weiler, Leyscher Hof, Hotel zum Kronprinzen, Schlosshotel Kronberg, Schloss Engers

Mit einem Vorwort von
Moritz Landgraf von Hessen

Autoren: Britta Binzer und Christoph Kornmayer
170 Seiten . Hardcover . mit zahlreichen Fotos von Speisen und aus der Region
ISBN 978-3-938173-43-5
Preis 18,60 € / 19,- € [A] / 28,80 CHF